AF390737

LA PHILOSOPHIE

D'ERNEST RENAN

LA PHILOSOPHIE
D'ERNEST RENAN

PAR

Raoul ALLIER

ANCIEN ÉLÈVE DE L'ÉCOLE NORMALE SUPÉRIEURE
AGRÉGÉ DE PHILOSOPHIE

PARIS

ANCIENNE LIBRAIRIE GERMER BAILLIÈRE ET Cie

FÉLIX ALCAN, ÉDITEUR

108, BOULEVARD SAINT-GERMAIN, 108

—

1895

Tous droits réservés

A MONSIEUR F. PILLON

Ancien rédacteur de la *Critique philosophique*
Directeur de l'*Année philosophique*

HOMMAGE D'AFFECTION ET DE RESPECT

AVANT-PROPOS

L'on ne se lassera pas vite de considérer de
près l'œuvre et la personnalité d'Ernest Renan.
L'une et l'autre dominent notre génération et
l'une et l'autre ne seront bien appréciées qu'après
un énergique et patient effort d'analyse. Des deux
principaux livres qu'elles ont provoqués, celui
de notre maître très aimé, M. Gabriel Monod, est
consacré surtout à l'homme et à l'historien, celui
de M. G. Séailles est une biographie psycholo-
gique. La Philosophie de Renan n'a pas été, à
notre connaissance du moins, l'objet d'une étude
spéciale. Elle est très équitablement jugée dans
l'ouvrage si pénétrant de M. Séailles, mais comme
signe d'un tempérament intellectuel et moral et
comme l'une des causes d'une évolution intérieure.
Dans l'essai que nous avons entrepris, elle est au

premier plan et la psychologie du penseur n'est invoquée que pour nous aider à comprendre sa doctrine. Il nous a paru que cette étude était à faire. Qu'on nous excuse de l'avoir tentée : la permission d'inscrire en tête de ces pages le nom d'un ami vénéré nous est un encouragement à les publier[1].

Décembre 1894.

[1]. Plusieurs chapitres de ce livre ont paru dans la *Revue chrétienne* en janvier, février, avril et juin 1894.

LA
PHILOSOPHIE D'ERNEST RENAN

CHAPITRE PREMIER

L'INFLUENCE DE SAINT-SULPICE

« Nous n'entendrons plus les cloches de la ville d'Is », s'est-on écrié à la mort de Renan. Depuis plus de deux ans elles se sont tues, et à beaucoup d'entre nous il semble qu'elles sonnent toujours, ces cloches mystérieuses qui parlent si tendrement d'un pays très lointain et très vague, et dont les chants les plus mystiques sont étrangement traversés de trilles ironiques. L'écho en est à jamais vibrant dans les âmes qui les entendirent à l'heure des premiers recueillements et des émotions inef-

R. ALLIER.

façables. Longtemps encore il ne sera pas trop tard pour leur demander ce qu'elles disent.

Sans doute Renan exprima maintes fois son horreur des formules. Mais l'unité de son influence ne s'expliquerait point sans l'unité de ses principales idées. Et si l'on parcourt avec attention la série de ses ouvrages, on le voit bien se jouer en des contradictions qui déconcertent, on le voit surtout introduire en chacun de ses livres des théories ou des hypothèses toujours les mêmes; il a parfois l'air d'y tenir à peine, il les présente d'un ton détaché, comme des saillies sans conséquence. Mais des boutades qui reviennent obstinément sont significatives, elles incarnent des pensées obsédantes. Regardez-y de près : ce qui ne paraît dans certains dialogues que jeu d'imagination est sous-entendu à travers toute l'œuvre de l'historien et en renferme l'explication.

Il y a donc à examiner comment Renan a philosophé, c'est-à-dire quelle idée il s'est faite de la recherche philosophique, suivant quelle méthode et dans quel esprit il s'est interrogé sur la nature et la destinée de l'univers et de l'homme.

Par où faut-il commencer cette étude?

La première impression est qu'il faut s'adresser

d'abord à *l'Avenir de la Science*. Ce volume, écrit dans la fièvre de l'enthousiasme en 1848 et 1849, résume bien le scrupuleux examen de conscience et la solennelle confession de foi du penseur au moment où il se dégage des doctrines traditionnelles. Toutes les idées que Renan défendra plus tard sont déjà dans ce livre de jeunesse; il n'aura qu'à les développer, parfois même qu'à les reproduire. Enfin c'est de tous ses ouvrages celui dans lequel il se révèle le plus et le mieux; il n'a pas encore connu le succès, il ne songe pas aux gens du monde où, quand il parle d'eux, il le fait avec un dédain non déguisé, et, selon son expression, on y voit, « sans aucun dégrossissement, le petit Breton qui, un jour, s'enfuit, épouvanté, de Saint-Sulpice, parce qu'il crut s'apercevoir qu'une partie de ce que ses maîtres lui avaient dit n'était peut-être pas tout à fait vrai ». Mais *l'Avenir de la Science* n'est pas seulement un point de départ, c'est aussi un point d'arrivée. Le Renan futur est bien dans ces pages, mais il n'est pas impossible d'y découvrir aussi les traces du Renan antérieur, du catholique fidèle. Qui sait si le fugitif du séminaire n'a pas emporté avec lui dans sa chambre de la rue des Deux-Eglises et de là, à travers toute sa vie, jusqu'au Collège de France, une même tournure d'esprit, et si cette tournure d'esprit ne lui vient pas de son éducation tout autant que de son tempérament intellectuel ?

I

Renan a été initié à la philosophie par ses maîtres du séminaire d'Issy. Pendant la première moitié du siècle, cet enseignement a été très médiocre dans tous les établissements ecclésiastiques [1]. Il y avait pour base la *Philosophie de-*

1. L'abbé Chassay, professeur de philosophie au grand séminaire de Bayeux, écrivait en 1845 : « Je suis convaincu que les premiers pasteurs ont certainement bonne volonté de rendre de jour en jour plus solides les études de leurs grands séminaires ; mais il n'en faudra pas rester là. Améliorer les études théologiques actuelles n'est pas suffisant. Nous ne voulons pas dire que ces études ne soient assez étendues pour la masse des élèves qui doit desservir les paroisses de campagne. Mais nous avançons, munis de fortes preuves, que généralement les études philosophiques ou théologiques sont insuffisantes. Quant aux moyens pratiques, voici ce que nous proposerions : d'abord *l'extension des études philosophiques.* Il est impossible que la philosophie du clergé reste au-dessous de l'enseignement laïque. Ne sait-on pas que les études philosophiques exercent une influence profonde sur la société moderne ? L'histoire de la philosophie n'est-elle pas une mine féconde dans laquelle on croit trouver des armes neuves contre la révélation ? Il nous semble que la *Philosophie de Lyon* et son cartésia-

Lyon, qui fait partie d'un cours complet d'études rédigé, vers le milieu du xviii° siècle, par l'ordre de M. de Montazet, l'archevêque janséniste de Lyon. Les maîtres n'étaient pas astreints à enseigner la doctrine de ce manuel; chacun se permettait de la corriger suivant son goût particulier et réussissait surtout à y introduire quelques contradictions de plus. Le traditionalisme était antipathique aux professeurs de Renan; l'ontologisme les effrayait. L'un d'eux, M. Manier, reprochait à la spéculation d'outre-Rhin ses trop rapides changements; il attendait, pour la juger, qu'elle eût achevé son développement. A la fréquentation assidue de Thomas Reid il devait une sérénité confiante et un grand respect du bon sens. Bien différent était son collègue, M. Gottofrey : « Celui-ci, nous apprend son élève, se vengeait des troubles de sa nature inquiète sur la raison, qui peut-être n'y était pour rien. Il pratiquait l'absurdité voulue de Tertullien, se complaisait dans la folie de saint Paul. Il était chargé de l'un des

nisme, usé par les progrès de la science, ne préparent guère à ces combats d'un nouveau genre. » Cité et approuvé par le P. Chocarne dans sa brochure « Saint. Thomas et l'Encyclique *Æterni Patris* », p. 33.

cours de philosophie : jamais on ne vit plus amère
trahison ; son dédain pour la philosophie perçait à
chaque mot ; c'était un perpétuel sarcasme [1] ».

Qu'a dû Renan à cet enseignement ? Il dit lui-
même ce qu'il tient de la *Philosophie de Lyon* :
« Les problèmes étaient bien posés, et toute cette
dialectique en syllogismes constituait une gymnas-
tique excellente. Je dois la clarté de mon esprit,
en particulier une certaine habileté dans l'art de
diviser, aux exercices de la scolastique et surtout
à la géométrie qui est l'application par excellence
de la méthode syllogistique [2] ». M. Gottofrey ne
paraît pas l'avoir éloigné du rationalisme : il était
étonné, inquiété par les argumentations de son
élève ; il s'emporta un jour jusqu'à lui reprocher
comme anti-religieuses sa confiance en la raison
et sa passion de l'étude : « La recherche !.... à
quoi bon ? Tout ce qu'il y a d'essentiel est trouvé.
Ce n'est point la science qui sauve les âmes. » Et
« s'exaltant peu à peu, ajoute Renan, il me dit avec
un accent passionné : « Vous n'êtes pas chré-
» tien [3]. » Pourtant si le jeune sulpicien avait du

1. *Souvenirs d'enfance et de jeunesse*, p. 235.
2. *Id.*, p. 246.
3. *Id.*, p. 260.

goût pour la philosophie, il n'était pas tenté par les aventures métaphysiques. Il avait subi l'influence de M. Manier et, par cet intermédiaire, celle de Reid : « Je perdis de bonne heure toute confiance en cette métaphysique abstraite qui a la prétention d'être une science en dehors des autres sciences et de résoudre à elle seule les plus hauts problèmes de l'humanité »... « Reid, dit-il encore, fut longtemps mon idéal [1]. »

A l'éducation que l'on reçoit de ses professeurs, il faut toujours ajouter celle que l'on se donne à soi-même. De quelle littérature philosophique Renan s'est-il nourri ? Ecoutons-en la confidence :

« Les écrits de la philosophie moderne, en particulier ceux de MM. Cousin et Jouffroy, n'entraient guère au séminaire. On ne parlait pourtant pas d'autre chose, par suite des vives polémiques que ces écrits provoquaient alors de la part du clergé. C'était l'année de la mort de M. Jouffroy. Les belles pages de ce désespéré de la philosophie nous enivraient, je les savais par cœur. Nous nous passionnions pour les débats que souleva la publication de ses œuvres posthumes. En réalité,

_____

1. *Souvenirs d'enfance et de jeunesse*, pp. 247, 250.

nous connaissions Cousin, Jouffroy, Pierre Leroux, comme on connaît Valentin et Basilide, je veux dire par ceux qui les ont combattus. Le formalisme rigide de la scolastique ne permet pas de clore la démonstration d'une proposition sans l'avoir fait suivre de la rubrique : *solvuntur objecta.* Là sont exposées avec honnêteté les objections contre la proposition qu'il s'agit d'établir ; ces objections sont ensuite résolues, souvent d'une manière qui laisse toute leur force aux idées hétérodoxes qu'on prétend réduire à néant. Ainsi, sous le couvert de réfutations faibles, tout l'ensemble des idées modernes venait à nous. Nous vivions d'ailleurs beaucoup les uns des autres. L'un de nous, qui avait fait sa philosophie dans l'Université, nous récitait M. Cousin ; un autre, qui avait des études historiques assez étendues, nous disait Augustin Thierry ; un troisième venait de l'école de Montalembert et Lacordaire. . M. Cousin nous enchantait ; cependant Pierre Leroux, par son accent de conviction et le sentiment qu'il avait des grands problèmes, nous frappait plus vivement encore ; nous ne voyions pas bien l'insuffisance de ses études et la fausseté de son esprit. Mes lectures habituelles étaient Pascal, Malebranche, Euler, Locke, Leibnitz, Descartes, Reid, Dugald-Stewart [1].

Certes, ce catalogue n'est point médiocrement composé, l'homme qui se serait pénétré de la pensée de ces auteurs se serait donné une forte éducation philosophique. Mais l'essentiel n'est pas de lire, le résultat dépend de la façon dont on a lu et de ce qu'on a su découvrir dans un ouvrage. Il ne s'agit pas de se demander si Renan a lu avec intelligence et pénétration ; une telle impertinence trouverait son châtiment dans son absurdité même. Ce qu'on demande, c'est si l'élève n'était point dominé par des préventions, des opinions plus ou moins préconçues, qui ont pu l'empêcher d'avoir un commerce direct avec tel ou tel penseur dont il dévorait les écrits. A-t-il été vraiment à l'école de Pascal, de Malebranche, de Leibnitz, de Descartes ? Ou bien a-t-il étudié ces philosophes à travers une autre pensée ?

Ce qu'on ne peut nier, c'est le peu d'influence que ces écrivains ont exercé sur lui et la façon défectueuse dont il en parle souvent. Que Pascal n'a pas agi sur lui, il est inutile de le démontrer.

1. *Souvenirs d'enfance et de jeunesse*, pp. 247-249.

1.

Renan a été si peu frappé par la distinction des
trois ordres de grandeur qu'il n'a jamais songé à
la discuter ; et quand il l'a niée purement et simplement, il n'a que trop prouvé de quelle manière
superficielle il l'avait comprise. Il prétend avoir
fait une étude spéciale des ouvrages de Descartes,
de Leibnitz et de Locke : par quelle étrange fata-
lité, dans aucun de ses ouvrages, même dans son
livre sur Averroës où la métaphysique aurait pu
réclamer plus de place, ne laisse-t-il soupçonner
une étude spéciale de ces philosophes ou n'émet-
il de réflexions sur la méthode en philosophie ?
C'est M. Renouvier qui pose cette interrogation et
il est impossible de n'en point sentir la valeur.
Pour ces philosophes la méthode est l'essentiel ;
elle est même plus importante que les résultats
puisqu'elle les commande. Pour Renan, elle reste
dans le vague, elle n'est jamais, de sa part, l'objet
d'un examen particulier ; celle qu'il adopte ne
ressemble ni de près ni de loin à celle de l'un ou
l'autre de ces penseurs et elle n'est pas fondée —
nous le verrons — sur une discussion approfondie.
Quant à Malebranche, le contre-sens est complet :
« La nature, nous dit Renan, m'apparaissait
comme un ensemble où la création particulière

n'a point de place et où, par conséquent, tout se
transforme... Je pensais surtout à Malebranche
qui dit sa messe toute la vie, en professant sur la
providence générale de l'univers des idées peu
différentes de celles auxquelles j'arrivais [1]. » Par
malheur pour cette affirmation, remarquons-nous
encore avec M. Renouvier, Malebranche n'éprou-
vait que de l'horreur pour cette doctrine de l'éternel *fieri* et du transformisme universel, qui nie
la personnalité de la Cause première et qui était
déjà bien connue de son temps [2].

L'énigme n'est peut-être pas très compliquée.
Qui ne songe avec attendrissement aux premiers
élans de sa pensée vers la vérité ? Nous revivons
alors les émotions jadis éprouvées ; et comme nos
luttes étaient très sincères, comme elles absorbaient
toutes nos énergies, nous nous imaginons qu'elles
mettaient en conflit des théories très fortes. Si
nous avions sous les yeux, après trente ans de
travail, le texte exact de ce que nous pensions
dans la fièvre de l'adolescence, combien de formules, qui nous semblaient autrefois inattaqua-
bles, nous feraient mélancoliquement sourire ! Il.

1. *Souvenirs d'enfance et de jeunesse*, pp. 251-252.
2. Cf. *Critique philosophique*, 1883, II, p. 74.

est bon de perdre ses dissertations d'écolier, elles seraient un obstacle au rêve. Nous nous rappelons nos entretiens juvéniles avec les hommes d'autrefois et il nous semble qu'à ces heures lointaines nous écoutions Leibnitz, Malebranche et Descartes, d'homme à homme, avec la pleine intelligence de ce qu'ils nous disaient. Pourquoi Renan, évoquant le passé, n'aurait-il pas été dupe d'une illusion toute naturelle et qui, nous doit être chère ?

Mais il y a plus. Nous avons déjà noté l'admiration du jeune Renan pour Cousin. Nous la retrouvons encore exprimée dans un article de son âge mûr, et elle est accompagnée cette fois d'un détail et d'un aveu qui sont également importants : « Je connus le cours de 1818 dans sa première rédaction, celle de M. Adolphe Garnier, qui est la vraie, sous les ombrages d'Issy vers 1842. L'impression fut sur moi on ne peut plus profonde ; je savais par cœur ces phrases ailées ; j'en rêvais. J'ai la conscience que plusieurs des cadres de mon esprit viennent de là, et voilà pourquoi, sans avoir jamais été de l'école de M. Cousin, j'ai toujours eu pour lui le sentiment le plus respectueux et le plus déférent. Il a été, non un des pères, mais un des excitateurs de ma pensée [1]. » Renan a raison, il tient beaucoup de son maître et il ne lui doit pas précisément le meilleur de sa pensée. Sûr d'être dans la voie qui conduit à la conquête du vrai, Cousin n'a jamais suffisamment étudié les discussions sur la méthode qui remplissent l'histoire de la philosophie. Il a tenu à juxtaposer, à collectionner des résultats plutôt qu'à examiner par quels procédés on les avait obtenus. N'avons-nous point relevé un trait analogue chez Renan? N'est-ce pas encore à l'école de Cousin qu'il a appris à parler de la contradiction de Kant, de la « volte-face » qui lui a permis de reconstruire dans la *Critique de la raison pratique* ce qu'il avait ruiné dans la *Critique de la raison pure* [2]? N'est-ce pas à l'éclectisme le plus orthodoxe qu'il a emprunté la distinction de la spontanéité et de la réflexion ou du syncrétisme et de l'analyse? N'en a-t-il pas retenu, à certaines heures, la trop fameuse théorie des deux sœurs immortelles, la religion et la philosophie, qui doivent se partager l'humanité? Toutes ces observations nous suggèrent une hypothèse : le maître trop admiré n'a-t-il pas pesé sur

1. *Feuilles détachées*, pp. 298-299.
2. *Essais de critique et de morale*, p. v.

la pensée du jeune séminariste qui s'égarait avec
volupté dans les écrits de Descartes, de Malebranche ou de Leibnitz? Accusé de panthéisme,
Cousin aimait à montrer que sa doctrine avait été
celle des grands philosophes, ses prédécesseurs;
dans un intérêt d'apologie, il était très porté à
« solliciter » l'histoire. Renan a lu les ouvrages
de ces métaphysiciens sous la direction de Victor
Cousin, et c'est peut-être pour cela qu'il en a peu
profité [1].

En somme, Renan n'a fait, au séminaire d'Issy,
que d'assez médiocres études de philosophie. Il
n'en a pas retiré l'idée d'une méthode un peu pré-
cise; il en a emporté, avec un semi-rationalisme,
un semi-scepticisme. Aussi la philosophie n'a-
t-elle joué dans sa crise qu'un rôle restreint; elle
n'y fut pour presque rien. Il en convient lui-
même: « L'histoire de la philosophie et l'espèce
de scepticisme dont j'étais atteint me retenaient

1. Dans le mémoire sur l'*Origine du Langage*, Cousin est le seul
philosophe auquel Renan emprunte des théories générales. Il
nomme une fois Malebranche, mais pour la doctrine de la Providence, la seule dont il ait jamais parlé et toujours dans les
mêmes termes brefs et à peine exacts. Il cite bien d'autres philosophes, mais seulement à propos de ce qu'ils ont écrit au sujet du
langage.

dans le christianisme plutôt qu'elles ne m'en chassaient. Je me répétais souvent ces vers que j'avais lus dans le vieux Brucker :

Discussi, fateor, sectas attentius omnes,
Plurima quæsivi, per singula quæque cucurri,
Nec quidquam inveni melius quam credere Christo[1]. »

C'est l'histoire et la philologie qui devaient provoquer en lui une tempête intellectuelle et l'emporter loin de l'Eglise. Il ne les connut réellement qu'à Saint-Sulpice. Or à Issy, il faillit entrer dans une voie toute différente de celle qu'il a décidément choisie. « Ici, au bord de la mer, écrit-il en 1863, revenant à mes plus anciennes idées, je me suis pris à regretter d'avoir préféré les sciences historiques à celles de la nature, surtout à la physiologie comparée. Autrefois, au séminaire d'Issy, ces études me passionnèrent au plus haut degré; à Saint-Sulpice, j'en fus détourné par la philologie et l'histoire; mais chaque fois que je cause avec vous, avec Claude Bernard, ...je me demande si, en m'attachant à la science historique de l'humanité, j'ai pris la meilleure part[2]. » Renan s'est plu sou-

1. *Souvenirs d'enfance et de jeunesse*, p. 258.
2. *Dialogues et fragments philosophiques*. — *Lettre à M. Berthelot*, p. 153.

vent à revenir sur ce regret, et il l'a notamment exprimé dans ses *Souvenirs* : « Or je peux bien le dire, l'ardeur extrême que ces sciences (l'histoire naturelle et la physiologie) excitaient dans mon esprit me fait croire que, si je les avais cultivées d'une façon suivie, je fusse arrivé à plusieurs des résultats de Darwin, que j'entrevoyais. J'allai à Saint-Sulpice, j'appris l'allemand et l'hébreu ; cela changea tout... Le regret de ma vie est d'avoir choisi pour mes études un genre de recherche qui ne s'imposera jamais et restera toujours à l'état d'intéressantes considérations sur une réalité à jamais disparue [1]. »

Nous n'aurons pas le mauvais goût de discuter le brevet de capacité scientifique que Renan se décerne avec une si délicieuse ingénuité. Demander de quelles découvertes, ordinairement attribuées à Darwin, il pourrait réclamer la priorité, serait probablement d'une malséante ironie. Égarons-nous avec lui dans ses souvenirs un peu idéalisés : il est peu probable qu'il nous y apparaisse comme éminemment doué de cet esprit géométrique qui est la faculté essentielle du vrai savant ; une telle

1. *Souvenirs d'enfance et de jeunesse*, pp. 262-263.

faculté n'a point coutume de s'atrophier, et ce
n'est pourtant pas elle qui a fait la gloire de Renan.
Nous découvrons en revanche dans cette prome-
nade un jeune homme qui possède un incomparable esprit de finesse ; il réussit merveilleusement
dans ce qu'il appellera plus tard les enfantillages
de l'éducation classique ; il a la joie de voir beaucoup de ses devoirs inscrits au cahier d'honneur de
sa classe, et, chose curieuse, la plupart de ses meil-
leurs travaux sont de fort jolies pièces de vers
latins sur des sujets légers et badins ; il excelle à
tourner élégamment de petites fables : *le Papillon*,
l'Abeille ou la victime de l'envie, *la Douairière et
le petit Chat*. Ce n'est pas lui qui nous a révélé ces
succès, mais les cahiers d'honneur ont été conservés au séminaire et ils disent encore ce qu'était
l'écolier. Ces triomphes poétiques, remportés dans
la classe de seconde, sont significatifs. Renan, non
content de n'en point parler, nous raconte qu'en
rhétorique il ne laissa qu'un « renom douteux »
et qu'il y perdit quelques rangs. Ce n'est point,
comme il l'insinue, parce qu'il n'était point fait
pour les travaux littéraires. La raison en est qu'il
était à ce moment sous l'influence du romantisme
et que cela paraissait à son professeur contraire

au bon sens et aux traditions d'un goût sain. « Le
maître, raconte un condisciple et ami intime de
Renan, nous amusa, en corrigeant un de ses discours. Il réussit à blesser son amour-propre, il ne
parvint pas à soumettre son jugement. Le révolté
se raidit contre maîtres et condisciples... ; il
tourna tout l'effort de son travail vers l'histoire
où, se trouvant en présence d'émules moins pré-
parés, il obtint facilement le premier rang. Voilà
comment il a laissé un *renom douteux* en rhétorique [1]. » A voir ce qu'il est devenu, nous ne
sommes pas surpris par l'anecdote. Or un écolier
qui possède un tel esprit de finesse doit avoir, par
suite, une rare aptitude à tout comprendre d'un
seul regard. Qu'il soit fait pour les sciences précises, rien ne le prouve ; mais lui, pourquoi en
douterait-il, quand il s'assimile avec une prodigieuse facilité tout ce qui lui est exposé et expliqué ? Plus tard il vit dans l'intimité de savants
acharnés à la poursuite des lois physico-chimiques
ou physiologiques, il assiste à leurs causeries alors
que, sortis de leurs laboratoires, ils se laissent
aller à leur fantaisie ; et comme un poète n'a pas

1. *Le Correspondant*, 10 juin 1882, p. 799.

besoin de longues sollicitations pour prendre son essor, il les suit dans leurs hypothèses aventureuses. Vous voudriez qu'au retour de ces excursions enivrantes il ne s'écrie pas : j'ai manqué ma vocation ! Que Renan se soit enchanté de cette pensée et qu'il ait été parfois mordu d'un regret, il faudrait être béotien pour s'en étonner. Mais que l'esprit de finesse puisse remplacer l'esprit géométrique, qu'une intelligence alerte, subtile, apte à tout pénétrer, soit par cela même une intelligence d'expérimentateur méthodique, il est permis d'en douter sans manquer de respect à personne. D'autre part, combien instructive est cette illusion si chère à Renan ! Elle nous le montre sans cesse sollicité par les études auxquelles il ne s'est pas consacré, porté à croire, en vertu d'une illusion d'optique, qu'elles sont les études essentielles ; et comme il ne les a regardées que d'un peu loin, comme il n'a pu en pénétrer les méthodes rigoureuses, il en ignore les limites ; il ne se répète pas que toute leur ambition est de classer des faits et d'établir un certain nombre de lois, il leur conférera gratuitement le privilège de découvrir un jour le secret de l'être ; et ce qu'il appellera ses inductions scientifiques ne sera bon qu'à amuser les savants dans les heures de loisir où ils se reposent de leurs travaux précis en imaginant capricieusement le roman de la nature.

II

Il y a dans une philosophie autre chose qu'un système d'idées, il y a surtout la traduction d'un tour d'esprit. Nous avons vu quelles études Renan a faites à Saint-Sulpice et ce qu'il en a retiré ; nous sommes encore loin d'avoir constaté tout ce qu'il doit à sa première éducation.

Catholique sincère et fidèle, il professait au séminaire la foi en une autorité infaillible. Au lendemain de sa crise, il n'a pas cessé de croire qu'une croyance religieuse ne saurait se passer d'une garantie extérieure. Quand il lisait pour la première fois des livres allemands, il leur trouvait, avec un parfait esprit critique, un esprit si hautement religieux qu'il croyait entrer dans un temple : « Je regrettais, par moments, dit-il, de n'être pas protestant, afin de pouvoir être philosophe sans cesser d'être chrétien. Puis je reconnaissais qu'il n'y a que les catholiques qui soient conséquents. Une seule erreur prouve qu'une église n'est pas infaillible; une seule partie faible prouve qu'un livre n'est pas révélé... Je voyais parfaitement que ces messieurs de Saint-Sulpice avaient raison de ne pas faire de concessions, puisqu'un seul aveu d'erreur ruine l'édifice de la vérité absolue et la ravale au rang des autorités humaines, où chacun fait son choix, selon son goût personnel[1]. » Peu de temps après sa sortie de Saint-Sulpice, il écrit à M. l'abbé Cognat, son plus intime ami : « Je ne suis pas, mon cher, de ceux qui prêchent sans cesse la tolérance aux orthodoxes ; c'est là pour les esprits superficiels de l'un et de l'autre parti la cause d'innombrables sophismes... Tout ou rien, les néo-catholiques sont les plus sots de tous[2]. » Il n'insinue même pas en 1882 que le raisonnement de sa jeunesse n'était peut-être pas rigoureusement exact ; alors encore il le croit vrai, et il pose un dilemme : ou la foi aveugle sans tentative d'examen, ou le scepticisme complet si l'examen dévoile une seule fissure. L'autorité est ou n'est pas absolue ; et si elle n'est pas absolue, elle n'est rien. On peut perdre

1. *Souvenirs d'enfance et de jeunesse*, p. 292.
2. *Id.*, pp. 402-403.

la foi catholique sans se débarrasser de certaines habitudes mentales qu'elle donne parfois.

L'esprit infaillibiliste provoque des crises terribles; il ne sombre pas toujours dans de telles crises et même il est rare qu'il y sombre. Il lui faut une autorité et il remplace immédiatement celle qui vient d'être abandonnée. Ce phénomène est très sensible dans *l'Avenir de la Science*.

Pourquoi, en effet, Renan y attaque-t-il les religions? Parce qu'elles sont, d'après lui, des métaphysiques qui se donnent pour révélées. Elles n'ont d'autre origine (cette thèse n'est d'ailleurs pas démontrée et elle aurait besoin de l'être) elles n'ont d'autre origine que le besoin de savoir; elles sont les solutions improvisées d'un problème qui exigeait de longs siècles de recherches, mais pour lequel il fallait sans délai une réponse [1]. Il y a donc concurrence entre la religion et la science : toutes les deux essaient de résoudre l'énigme du monde ; pourquoi s'adresser à toutes les deux? La science ne vaut qu'autant qu'elle peut rechercher ce que la révélation prétend m'offrir d'un coup et sans erreur. A quoi bon vérifier péniblement ce

---

1. V. *l'Avenir de la Science*, p. 18.

qui est proclamé d'avance la vérité : « C'est en
appeler aux hommes quand on a à sa disposition
le Saint-Esprit. Je ne connais qu'une seule contradiction plus flagrante que celle-ci : c'est un pape
constitutionnel[1]. » C'est bien un infaillible qu'il
faut à Renan ; il ne l'a pas trouvé dans la religion,
il le cherche ailleurs. Une autorité l'a trompé ; il
en essaie une autre. C'est pour cela, c'est en vertu
de ce besoin intime, qu'il attendra de la science
autre chose que ce que les savants lui demandent :
« Pour moi, je ne connais qu'un seul résultat à la
science, c'est de résoudre l'énigme, c'est de dire
définitivement à l'homme le mot des choses, c'est
de lui donner le symbole que les religions lui don-
naient tout fait et qu'il ne peut plus accepter[2]. »
Renan est alors convaincu que la science fi-
nira par avoir raison du problème universel :
« Oui, il viendra un jour où l'humanité ne croira
plus, mais où elle saura ; un jour où elle saura
le monde métaphysique et moral, comme elle sait
déjà le monde physique. »

L'Avenir de la Science, exposant tout ce qui a
remplacé dans l'âme de Renan la foi perdue, con-

1. *L'Avenir de la Science*, pp. 39-40.
2. *Id.*, p. 23

tient forcément des théories morales. En apparence, celles-ci n'ont rien de commun avec l'éducation de Saint-Sulpice : le bien y est identifié
avec le beau et le vrai, l'ascétisme chrétien y est
accusé d'avoir négligé comme des vanités la philosophie, la science et la poésie. « On s'imagine trop
souvent, s'écrie le séminariste d'hier dans l'humble chambrette où il vit en tête à tête avec les plus
graves problèmes, on s'imagine trop souvent que
la moralité seule fait la perfection, que la poursuite du vrai et du beau ne constitue qu'une jouissance, que l'homme parfait, c'est l'honnête homme,
le frère morave par exemple. Le modèle de l'humanité nous est donné par l'humanité elle-même ;
la vie la plus parfaite est celle qui représente le
mieux l'humanité. Or l'humanité cultivée n'est pas
seulement morale ; elle est encore savante, curieuse, poétique, passionnée[1]. » Nous sommes
loin, semble-t-il, de Saint-Sulpice. M. Pillon a re-
marqué — peut-être le premier — que cette vue
de Renan sur l'équivalence du vrai, du beau et du
bien lui tenait fort à cœur, qu'elle était le fond
permanent de sa pensée, qu'elle domine et ex-

1. *L'Avenir de la Science*, pp. 9, 11, 12.

plique toute sa philosophie et qu'en même temps rien n'est plus éloigné de l'esprit chrétien [1]. Rien n'est plus vrai. Mais Saint-Sulpice ne peut-il pas avoir contribué à produire la théorie qui devait si radicalement contredire son enseignement ?

Ce qui caractérise les théories morales de Renan, c'est qu'elles n'accordent à la conscience aucune valeur propre, aucune autorité spéciale. Ne pourrait-on pas dire que l'éducation cléricale a précisément négligé de développer en lui la conscience ? Certes, celle qu'il a reçue devait être pénétrée d'un profond esprit chrétien et nous ne demandons qu'à reconnaître sans réticences la haute valeur des hommes qui la lui ont donnée. Saint-Sulpice n'a point coutume de préparer au dilettantisme. Mais les éducateurs religieux ont trop souvent le tort de ne montrer dans le *dictamen* intime que l'écho d'une volonté étrangère ; la plupart ne pensent pas qu'il n'est que cela, mais ils ont l'*air* de le penser ; ils négligent de présenter l'obligation comme une exigence de notre nature la plus profonde, ils en font purement et simplement un ordre qui n'a d'autre fondement et d'autre titre

____

1. *Année philosophique* (année 1890), p. 264.

R. ALLIER.　　　　　　　　　　2

à notre respect qu'un décret divin.. Ils donnent à l'âme le pli de l'obéissance et ils croient avoir formé la conscience. Que la foi au décret divin s'écroule, et la raison pratique a été si bien élevée qu'elle se tait. « En s'attachant exclusivement au bien, dit Renan, l'ascétisme chrétien le conçut sous la forme la plus mesquine ; le bien fut pour lui la réalisation de la volonté d'un être supérieur, une sorte de sujétion humiliante pour la dignité humaine[1]. » C'est bien là une critique de la morale cléricale qui lui avait été enseignée et qui faisait des devoirs une série d'ordres et de consignes. Le malheur est que Renan n'a été que trop bien façonné par cette éducation : il n'a pas su distinguer entre le décret extérieur et l'impératif moral.

On peut nous arrêter ici. Avons-nous bien le droit de parler ainsi de la conscience d'un homme qui a donné un si bel exemple de fidélité à ses principes et de loyauté intellectuelle ? Quand un homme a eu le courage de conformer sa vie tout entière à une conviction librement conquise, ne faut-il pas s'incliner devant la vigueur et la beauté de son caractère ?

1. *L'Avenir de la Science*, p. 9.

Cette objection suppose une chose inadmissible, à savoir, que nous aurions la prétention de juger la conscience de Renan, d'en noter le degré de moralité et d'immoralité. Libre à ceux que cette tâche peut séduire de se livrer à cette enquête; elle suppose chez eux une assurance morale et une conviction d'infaillibilité que nous ne nous permettrons pas de discuter. Mais ne commet-on pas ici une fréquente confusion? Etudier la conscience d'un homme, c'est apprécier ses intentions intimes, le rapport établi par lui entre ce qu'il croit au fond être le bien et ce qui est en fait sa conduite. Il y a là un drame qui se joue en toute créature morale, mais celui-là seul qui en est l'acteur, le connaît. Etudier la conscience d'un homme, c'est encore étudier la facilité ou la difficulté avec laquelle il produit des actes moraux. On reconnaît l'arbre à ses fruits; à ses actions on distingue à quelle famille d'hommes appartient un individu. Un examen de ce genre n'est plus d'une impertinente témérité; et il est certain qu'il tourne à la louange de Renan. Peu d'hommes ont vécu comme ce dilettante; il a mené une existence pure, honnête, consacrée à la science, absolument désintéressée. Dans un pays qui raille trop aisément

certaines victoires sur l'instinct, il a pu se rendre
un témoignage qui lui fait honneur : « Le monde
voit une sorte de ridicule à rester chaste quand on
n'y est pas obligé par un devoir professionnel. Il
est hors de doute qu'en ce point mes principes
cléricaux, conservés dans le siècle, m'ont nui aux
yeux du monde... Ma part a été bonne et ne me
sera pas enlevée ; car je m'imagine souvent que
les jugements qui seront portés sur chacun de
nous dans la vallée de Josaphat, ne seront autres
que les jugements des femmes contresignés par
l'Eternel[1]. » Remarquons pourtant que Renan est
resté pur par habitude de jeunesse, par tempérament, par beauté de nature ; il ne semble pas
avoir eu à traverser les luttes de la volonté morale
et de la passion : « Je déclare que, quand je fais
le bien, je ne livre aucune bataille et ne remporte
aucune victoire, que je fais un acte aussi indépendant et aussi spontané que celui de l'artiste qui
tire du fond de son âme la beauté pour la réaliser
au dehors[2]. » Ces tempéraments doux, honnêtes
et purs constituent sans doute un inappréciable
privilège ; ils ont aussi un danger pour qui les

1. *Souvenirs d'enfance et de jeunesse*, p. 359.
2. *L'Avenir de la Science*, p. 355.

possède : c'est de se soumettre trop facilement à une autorité extérieure et de se contenter d'une moralité de surface qui consiste en politesse et en vertus négatives. Renan nous confie lui-même qu'il était né prêtre *a priori*, comme tant d'autres naissent militaires ou magistrats. Jamais l'autorité de ses directeurs n'a pesé sur lui[1].

Regardons-y maintenant de près, et nous verrons que Renan a traversé une crise d'un caractère très particulier ; il n'a pas éprouvé une révolte de la conscience contre une autorité qui voulait l'opprimer. Il le déclare sans ambages : « Si j'avais pu croire que la Bible et la théologie étaient la vérité, aucune des doctrines plus tard groupées dans le *Syllabus*, et qui, dès lors, étaient plus ou moins promulguées, ne m'eût causé la moindre émotion. Mes raisons furent toutes de l'ordre philologique et critique ; elles ne furent

---

1. « J'eusse été un bon prêtre, indulgent, paternel, charitable, sans reproche en mes mœurs. Médiocre partisan des dogmes nouveaux, j'aurais poussé la hardiesse jusqu'à dire, comme beaucoup d'ecclésiastiques, après le concile du Vatican : *Posui custodiam ori meo.* Mon antipathie pour les jésuites se fût exprimée en ne parlant jamais d'eux ; un fond de gallicanisme mitigé se fût dissimulé sous une profonde connaissance du droit canonique. » Méditer ce passage et la page qui le précède, *Souvenirs d'enfance et de jeunesse*, pp. 157-158.

nullement de l'ordre métaphysique, de l'ordre politique, de l'ordre moral. Ces derniers ordres d'idées me paraissaient peu tangibles et pliables à tout sens[1]. » Il n'a jamais trouvé l'autorité mauvaise parce qu'elle prétend s'imposer du déhors ; il lui a seulement reproché de se tromper : « Le catholicisme suffit à toutes mes facultés, sauf ma raison critique, écrit-il à l'abbé Cognat. Je n'espère pas pour l'avenir de satisfaction plus complète, il faut donc ou revenir au catholicisme ou amputer cette faculté. Cette opération est difficile et douloureuse ; mais croyez bien que, si ma conscience morale ne s'y opposait pas, si Dieu venait ce soir me dire que cela lui est agréable, je le ferais[2]. » Il revient sur cette idée dans toutes ses lettres à son ami : « Oui, si Dieu me demandait d'éteindre ma pensée, j'accepterais. Que de fois, j'ai cherché à me mentir à moi-même ! Mais est-il au pouvoir de l'homme de croire ou de ne pas croire ? Je voudrais qu'il me fût possible d'étouffer la faculté qui en moi requiert l'examen ; c'est elle qui fait mon malheur[3]. »

1. *Souvenirs d'enfance et de jeunesse*, p. 298.
2. *Ibid.*, p. 389.
3. *Ibid.*, p. 383. Cf. pp. 318, 409.

Renan parle ici de conscience morale et il en a le droit ; il ne veut pas mentir : c'est là un acte positif de moralité. Mais la difficulté est tout intellectuelle. S'il ne remarquait pas des erreurs dans l'autorité qui se dit infaillible, sa conscience serait satisfaite et abdiquerait entre les mains de supérieurs. Comme le dit M. Renouvier, « la question de moralité se posait sur un simple besoin de l'esprit à satisfaire, plutôt que sur le droit à revendiquer de la conscience qui entend se donner elle-même sa foi et se la garder libre [1] ». Renan a eu beau s'enfuir loin du séminaire, il en a emporté un trait essentiel du catholicisme.

A ce point de l'analyse, on n'est plus étonné de voir le philosophe proclamer l'identité du bien, du beau et du vrai. Le devoir clérical disparu, il ne le remplace point par un autre. Avec un homme grossier, à passions brutales, on se doute de ce qui serait arrivé. Renan a le tempérament honnête et pur ; il ne songe pas encore à considérer l'honnêteté comme une élégance, elle est dans sa nature. A l'époque de sa crise, il ne paraît pas être en butte aux tentations qui assaillent souvent les

1. *Critique philosophique*, t. XXIV, p. 121.

hommes ordinaires : « Il m'eût semblé qu'il y aurait de ma part un manque de bienséance à changer sur ce point mes habitudes austères. Les gens du monde, dans leur ignorance des choses de l'âme, croient, en général, qu'on ne quitte l'état ecclésiastique que pour échapper à des devoirs trop pesants. Je ne me serais point pardonné de prêter une apparence de raison à des manières de voir aussi superficielles [1]. » On le voit, Renan a si peu connu, dans sa jeunesse, la violence des tentations, les orages de la vie intérieure, qu'il prête aux prêtres défroqués des mœurs qu'ils n'ont pas souvent. Mais se contentera-t-il d'une vertu qui n'est en somme que négative? Il a dès cette époque des habitudes positives. Au séminaire il n'a point seulement vécu en bon ecclésiastique, il a étudié, il s'est complu dans la vie de l'esprit. Ses maîtres n'ont pas réussi à lui communiquer leur esprit chrétien, mais ils lui ont enseigné quelque chose qui, de son avis, vaut infiniment mieux que la critique ou la sagacité philosophique : l'amour de la vérité, le respect de la raison, le sérieux de la vie. « Voilà la seule chose en moi qui n'ait jamais varié. Je sortis de leurs mains avec un sentiment moral

1. *Souvenirs d'enfance et de jeunesse,* p. 359.

tellement prêt à toutes les épreuves, que la légè-
reté parisienne put ensuite patiner ce bijou sans
l'altérer. Je fus fait de telle sorte pour le bien,
pour le vrai, qu'il m'eût été impossible de suivre
une carrière non vouée aux choses de l'âme. Mes
maîtres me rendirent tellement impropre à toute
besogne temporelle que je fus frappé d'une marque
irrévocable pour la vie spirituelle. Cette vie m'apparaissait comme la seule noble ; toute profession
lucrative me semblait servile et indigne de moi[1]. »
Le devoir clérical disparu, c'est donc l'amour de la
vie de l'esprit qui le remplace, l'amour de toutes
les formes dans lesquelles cette vie s'incarne.
Renan était admirablement préparé par toute son
éducation à déclarer ce qui est au début de *l'A-
venir de la Science* : « Tout ce qui est de l'âme est
sacré. » Ce qu'il appelle sa première victoire philosophique n'est pas autre chose que la conscience
d'un principe de vie que ses maîtres avaient déposé
en lui.

Ne faut-il pas aller plus loin encore et saisir
dans l'influence du séminaire la première origine
de théories que le penseur affranchi ne répudiera
jamais ? Il nous est impossible d'oublier que l'édu-

1. *Souvenirs d'enfance et de jeunesse,* pp. 134-135.

cation catholique amène souvent ceux qu'elle fa-
çonne à n'admettre que la liberté du bien et à
proclamer la souveraineté du but, *ad majorem
Dei gloriam*. Or ces deux principes seront toujours chers à Renan.

Il se préoccupe assez peu de la gloire de Dieu, à
moins que l'on ne donne à ce « vieux mot », à
ce « mot lourd » un sens que les parties basses de
notre espèce ne soupçonnent pas; il substitue à
l'avènement du royaume des cieux le progrès de
l'humanité, et cette fin suprême a une telle noblesse qu'il faut lui sacrifier tout le reste. Si
jamais l'esclavage a pu être utile à la société, il a
été chose bonne et nécessaire, car alors les esclaves sont les serviteurs de l'œuvre divine, « ce
qui ne répugne pas plus que l'existence de tant
d'êtres attachés fatalement au joug d'une idée qui
leur est supérieure et qu'ils ne comprennent
pas ». Les droits n'ont rien d'absolu, ils dispa-
raissent devant la nécessité de la marche en avant.
Si l'on n'envisageait que le bien-être qui en résulte
pour les civilisés, peut-être faudrait-il hésiter à
sacrifier pour le bien de la civilisation une portion
de l'humanité à l'autre; mais s'il s'agit de réaliser
une forme plus belle de l'humanité, l'immolation

des individus est permise[1] : « Le progrès suffit pour tout légitimer[2]. » La doctrine de la souveraineté du but entraîne forcément celle de la liberté du bien. La personne, loin d'être une fin en elle-même, n'est qu'un moyen pour arriver à une fin supérieure. Ne nous étonnons pas. Renan nous a déjà dit qu'il n'a dû sa crise qu'à des raisons de philologie et de critique. Il n'a été rebuté par aucun de ces actes de l'Eglise qui ont consisté précisément à sacrifier au but sacré des individus humains : « Je n'aime ni Philippe II, ni Pie V; mais si je n'avais pas des raisons matérielles de ne pas croire au catholicisme, ce ne seraient ni les atrocités de Philippe II, ni les bûchers de Pie V qui m'arrêteraient beaucoup[3]. » Et ceci n'est pas une boutade sans conséquence, un de ces traits par lesquels il aimait à déconcerter ses lecteurs. En 1848, à peine sorti du séminaire, passionné d'indépendance, ivre d'ambitions scientifiques, il eût été naturel qu'il condamnât avec violence l'intolérance du passé. Or voici ce qu'il en pensait : « On est parfois injuste pour les persécutions de

1. *L'Avenir de la Science*, p. 385.
2. *Ibid.*, p. 381.
3. *Souvenirs d'enfance et de jeunesse*, p. 299.

l'Eglise au moyen âge. Elle devait être intolérante ; car du moment qu'une société entière accepte un dogme et proclame que ce dogme est la vérité absolue, et cela sans opposition, on est charitable en persécutant... Ce qui fait que ces actes de l'Inquisition nous indignent, c'est que nous les jugeons au point de vue de notre âge sceptique ; il est trop clair, en effet, que de nos jours où il n'y a point de dogme, de tels faits seraient exécrables [1]. »

Toutes ces considérations se rattachent étroitement à l'ensemble de la pensée de Renan ; elles sont des pièces essentielles de son système. Mais ne sont-elles pas aussi bien en harmonie avec l'enseignement traditionnel de l'Eglise? Dès lors, un fait nous apparaît. Ces doctrines de la liberté du bien et de la souveraineté du but, Renan les a acceptées avant même d'avoir posé les prémisses d'où il les déduira. N'ont-elles pas été, sans qu'il s'en doutât, la cause des prémisses dont elles devaient être tirées ? Il y a dans l'esprit une finalité mystérieuse et inconsciente ; et une suggestion qui monte des profondeurs de notre être nous fait souvent proclamer des séries d'idées

1. *L'Avenir de la Science*; pp. 346-347.

qui ont surtout pour but de préparer et d'amener
une conclusion admise d'avance. Renan a toujours
cru que l'individu est subordonné à une fin mystérieuse ; il ne pouvait pas aboutir à une philosophie qui aurait fondé en raison les droits de la
personne.

L'éducation que nous avons une fois reçue nous
tient par mille fils subtils ; nous croyons un jour
être débarrassé des influences jadis subies, et
voici, nous trahissons par nos gestes habituels ce
que nous fûmes autrefois ; nous croyons avoir
changé d'idées et nous ne les avons modifiées que
dans leur forme, nous traînons toujours avec nous
la vieille tournure d'esprit qui nous fut inculquée.
Il ne faut donc pas s'étonner que nous ayons
trouvé une singulière vérité et une portée plus
grande qu'il ne le soupçonnait à cet aveu de
Renan : « L'Institut de Saint-Sulpice a exercé sur
moi une telle influence et a si complètement dé-
cidé de la direction de ma vie, que je suis obligé
d'en esquisser rapidement l'histoire, d'en exposer
les principes et l'esprit, pour montrer comment
cet esprit est resté la loi la plus profonde de mon
développement intellectuel et moral [1]. »

1. *Souvenirs d'enfance et de jeunesse*, p. 200.

R. ALLIER.   3

CHAPITRE II

LA PHILOSOPHIE

I

Qu'est-ce que la philosophie d'après Renan?

Il faut distinguer dans chaque science la partie technique et spéciale qui n'a de valeur qu'en tant qu'elle sert à la découverte et à l'exposition, et les résultats généraux que la science en question fournit pour son compte à la solution du problème des choses. « La philosophie est cette tête commune, cette région centrale du grand faisceau de la connaissance humaine, où tous les rayons se touchent dans une lumière identique [1]. » C'est elle qui donne un sens aux recherches particulières. Les « spéciaux » ne se bornent pas toujours à

1. *L'Avenir de la Science*, p. 155.

faire la guerre aux généralités superficielles, aux
conclusions hasardées, ce qui ne serait que légitime ; ils ont souvent l'air de tenir aux détails
pour eux-mêmes, et cela est ridicule. Une date
heureusement établie, une circonstance d'un fait
important retrouvée, une histoire obscure éclair-
cie, un texte perdu publié, ont plus d'importance
que des volumes entiers dans le genre de ceux qui
s'intitulent *Philosophie de l'Histoire*. Mais de
telles découvertes valent, non par elles-mêmes,
mais autant qu'elles serviront à fonder dans l'avenir la vraie et sérieuse philosophie de l'histoire.
« Là est la dignité de toute recherche particulière
et des derniers détails d'érudition, qui n'ont point
de sens pour les esprits légers [1]. »

Philosopher, c'est savoir les choses, c'est, suivant l'expression de Cuvier, instruire le monde en
théorie. Un tel résultat ne saurait être atteint *a
priori*. « Je crois, comme Kant, que toute démonstration purement spéculative n'a pas plus de valeur
qu'une démonstration mathématique et ne peut
rien nous apprendre sur la réalité existante [2]. » La
connaissance philosophique des corps repose sur

1. *L'Avenir de la Science*, pp. 134-135 ; cf. pp. 229-230.
2. *Ibid.*, p. 149.

la physique et la chimie ; la connaissance philosophique des choses de l'esprit repose sur la philologie ; elle en est l'effet naturel et comme spontané. Elle est une impression résultant elle-même
d'un nombre infini d'impressions qui se sont cor-
rigées les unes les autres. Chaque science a sa
méthode ; la philosophie n'en a pas une propre.
Elle est le son que rend l'âme au contact de la
réalité. Elle dépend donc de l'individualité du
penseur ; elle diffère d'après les tempéraments et
les cerveaux. Comme il est absurde de discuter
des goûts et des couleurs et que chacun de nous,
sa constitution étant donnée, a raison, il est absurde de condamner l'impression qu'un homme
reçoit de l'univers ; elle est pour lui ce qu'elle doit
être et l'on ne peut la dire fausse : « Chaque système est la façon dont un esprit éminent a vu le
monde, façon toujours empreinte de l'individualité
du penseur. Je ne doute pas que chacun de ces
systèmes ne fût très vrai dans la tête de l'auteur ;
mais par leur individualité même ils sont incom-
municables et surtout indémontrables [1]. »

Un système est donc une épopée sur les choses.

1. *L'Avenir de la Science*, p. 60.

Celle-ci vaut, non par ses formules, mais par l'esprit qu'elle incarne. Il en est de même de la philosophie. « Quand je veux initier de jeunes esprits
à la philosophie, je commence par n'importe quel
sujet, je parle dans un certain sens et sur un certain ton, je m'occupe peu qu'ils retiennent les
données positives que je leur expose, je ne cherche même pas à les prouver ; mais j'insinue un
esprit, une manière, un tour ; puis quand je leur
ai inoculé ce sens nouveau, je les laisse chercher
à leur guise et se bâtir leur temple suivant leur
propre style. Là commence l'originalité individuelle, qu'il faut souverainement respecter [1]. » Or,
si philosopher, c'est aspirer en liberté le parfum
des choses, il est déplorable de s'enfermer dans
une impression une fois reçue et de s'interdire de
nouvelles expériences. Il faut se complaire dans
son épopée, mais se reconnaître le pouvoir d'en
inventer une autre. « Il serait aussi absurde que
ce système renfermât le dernier mot de la réalité
qu'il le serait qu'une épopée épuisât le cercle entier de la beauté. Une épopée est d'autant parfaite
qu'elle correspond mieux à toute l'humanité et

1. *L'Avenir de la Science*, p. 56.

pourtant, après la plus parfaite épopée, le thème est encore nouveau et peut prêter à d'infinies variations selon le caractère individuel du poète, son siècle ou la nation à laquelle il appartient[1]. » Si donc, en un sens, nous avons pu dire que tout système est vrai, en un autre nous pouvons affirmer que tout système est faux; il est attaquable par sa précision même.

Le livre sur *Averroës et l'Averroïsme* suppose démontrée la conception de la philosophie que nous venons d'analyser; il en tire les conséquences. Une des plus importantes est qu'il n'y a pas à chercher dans l'histoire de la philosophie des résultats positifs et applicables aux besoins de notre temps. Dans chaque système du passé, ce n'est pas seulement une personnalité qui se reflète, c'est une époque, un peuple, une civilisation. Aussi « bien que les problèmes qui préoccupent aujourd'hui l'esprit humain soient au fond identiques à ceux qui l'ont toujours sollicité, la forme sous laquelle ces problèmes se posent de nos jours est si particulière à notre siècle, que très peu des anciennes solutions sont encore suscep-

1. *L'Avenir de la Science*, p. 57.

tibles d'y être appliquées [1]. » Est-ce à dire que l'histoire de la philosophie, dépouillée d'une illusoire utilité, perde de son intérêt? Ce serait méconnaître que les efforts pour définir l'infini présentent aux esprits curieux un spectacle digne de leur attention. Admettons que ces efforts éternels soient condamnés à rester vains, ils n'en sont pas moins captivants par ce qu'ils nous révèlent du génie humain. En un sens, il est beaucoup moins important d'avoir un avis sur un problème que de savoir ce que l'esprit humain a pensé sur ce problème. Et, d'autre part, en comprenant le passé, on explique le présent lui-même. La philosophie arabe est assurément un fait immense dans l'histoire des idées « et un siècle curieux comme le nôtre ne devra point passer sans avoir restitué cet anneau de la tradition. Il faut pourtant s'y résigner à l'avance : il ne sortira de cette étude presque rien que la philosophie contemporaine puisse s'assimiler avec avantage, si ce n'est le résultat historique lui-même [2]. »

L'étonnement dut être grand en 1852, lorsque ces déclarations furent entendues. On voudrait

1. *Averroès et l'Averroïsme*, p. III.
2. *Ibid.*, p. V.

avoir un écho de ce qu'en pensèrent les juges de la Sorbonne. Beaucoup d'entre eux n'étaient-ils pas alors dominés par les conceptions que Cousin avait développées dans son cours de 1828? — « Chaque système, avait enseigné le maître, n'est pas faux, mais incomplet; d'où il résulte qu'en réunissant tous les systèmes incomplets on aurait une philosophie complète, adéquate à la totalité de la conscience. » L'histoire, répétait-on avec lui, est l'expression de la vérité, si l'on en retranche les éléments négatifs pour ne laisser subsister que les éléments positifs. Renan rompait sur ce point avec l'éclectisme. Mais comme il lui est souvent arrivé, il opposait à une théorie une affirmation pure et simple. Les motifs de son attitude étaient longuement expliqués dans *l'Avenir de la Science,* c'est-à-dire dans un ouvrage ignoré du public. Ils ne purent être devinés et compris que quelques années plus tard.

Au mois de janvier 1860, il publia, à propos du grand ouvrage de M. Vacherot, un article étendu sur *l'Avenir de la Métaphysique.* Les deux gros volumes de l'ingénieux penseur sont consacrés à démontrer que la métaphysique existe, et c'est ce qui étonne Renan. Ainsi ne procèdent pas les sciences naturelles et historiques. Les premiers géologues n'ont pas écrit des livres pour démontrer que la géologie existe ; ils ont fait de la géologie. « Cinquante pages de théorie prouveraient plus pour la réalité de la métaphysique que les douze cents pages de M. Vacherot. Si l'on entend par métaphysique le droit et le pouvoir qu'a l'homme de s'élever au-dessus des faits, d'en voir les lois, la raison, l'harmonie, la poésie, la beauté ; si l'on veut dire que nulle limite n'est tracée à l'esprit humain, qu'il ira toujours montant l'échelle infinie de la spéculation (et pour moi je pense qu'il n'est pas dans l'univers d'intelligence supérieure à celle de l'homme en sorte que le plus grand génie de notre planète est vraiment le prêtre du monde, puisqu'il en est la plus haute réflexion) ; si la science qu'on oppose à la métaphysique est ce vulgaire empirisme satisfait de sa médiocrité, qui est le contraire de toute philosophie, oui, je l'avoue, il y a une métaphysique : rien n'est au-dessus de l'homme. Mais si l'on veut dire qu'il existe une science première, contenant les principes de toutes les autres, une science qui peut, à elle seule, et par des combinaisons abstraites, nous mener à la vérité sur Dieu, le monde, l'homme, je ne vois pas la nécessité d'une telle catégorie de l'esprit humain [1]. » La philosophie est moins une science qu'un côté de toutes les sciences ; elle est l'assaisonnement sans lequel tous les mets sont insipides, mais qui à lui seul ne constitue pas un aliment. Il ne faut pas l'assimiler à une science particulière, mais la rapprocher de l'art et de la poésie. Toute intelligence, la plus humble comme la plus sublime, a eu sa façon de concevoir le monde, d'en être le miroir. Tout être vivant a eu son rêve qui l'a charmé, consolé, réconforté ; « grandiose ou mesquin, plat ou sublime, ce rêve a été sa philosophie. » Voilà pourquoi l'histoire de la philosophie ne présente point ce développement régulier, ces acquisitions successives, que l'on trouve dans l'histoire des sciences particulières. Prenez d'autre part une collection de mémoires scientifiques ; vous verrez des travaux qui dénotent plus ou moins d'habileté ; mais vous n'en découvrirez aucun qui vous donne quelque indice sur le caractère moral de l'auteur. Il n'en est pas de même en philosophie ; l'individualité de chaque penseur s'y trahit : « Chacun

1. *Dialogues et fragments philosophiques,* p. 283.

naît avec sa philosophie comme avec son style[1]. »
Ce qu'on a parfois le tort de prendre pour une
science particulière, est le « résultat général de
toutes les sciences, le son, la lumière, la vibration
qui sort de l'éther divin, que tout homme porte
en soi[2] ».

La lettre à M. Berthelot sur *l'Avenir des sciences
naturelles* est plus que l'affirmation de ce principe,
elle en est l'application. Renan se met en face des
sciences ; il fait dire à chacune en peu de mots ce
qu'elle croit saisir de l'histoire du monde, et toutes
ces dépositions particulières se fondent en une
déposition totale, tendent à provoquer une impression générale ; cette impression est la philosophie de l'auteur, son rêve en 1863[3].

Franchissons vingt-cinq ans, nous sommes en
septembre 1888. Renan publie son *Examen de
conscience philosophique*. Les formules par lesquelles s'ouvrent ce morceau condensent d'une
façon nouvelle et heureuse les théories que nous
venons d'analyser : « Le premier devoir de
l'homme sincère est de ne pas influer sur ses

1. Cf. *Dialogues et fragments philosophiques*, pp. 286-287.
2. *Ibid.*, p. 290.
3. *Ibid.*, p. 153.

propres opinions, de laisser la réalité se refléter en lui comme en la chambre noire du photographe, d'assister aux batailles intérieures que se livrent les idées au fond de sa conscience. On ne doit pas intervenir dans ce travail spontané ; devant les modifications internes de notre rétine intellectuelle, nous devons rester passifs... La production de la vérité est un phénomène objectif, étranger au moi, qui se passe en nous sans nous, une sorte de précipité chimique que nous devons nous contenter de regarder avec curiosité [1]. »

Ainsi Renan a toujours eu de la philosophie la même conception. A chaque moment de son développement, il n'est revenu sur sa thèse que pour l'affirmer à nouveau.

II

Ne craignons pas de nous arrêter devant cette conception, elle est capitale. De sa valeur dépend celle des conclusions futures.. Il convient donc d'en rechercher les « motifs », les raisons profondes.

1. *Feuilles détachées*, pp. 401-402.

Renan la justifie tout d'abord en affirmant qu'il
n'y a pas de progrès en philosophie. La philosophie, répète-t-il dans tous ses ouvrages, a renoncé à procéder comme les sciences, en addi-
tionnant des résultats successivement acquis ; et
c'est pour cela qu'elle a été parfaite dès ses débuts,
« comme tout ce qui n'est pas fécond [1] ».

Or, si cette thèse doit vraiment étayer la première, peut-elle se passer elle-même d'une démonstration ? Il semble qu'aux yeux de Renan elle
soit d'une évidence immédiate. Ne suffit-il pas
d'ouvrir un manuel d'histoire pour constater que,
sur les mêmes questions, les controverses sont
éternellement ouvertes et tournent toujours dans
le même cercle ? Les mêmes affirmations ne s'op-
posent-elles pas toujours aux mêmes négations ? —
Le fait n'est peut-être pas incontestable et l'on
imagine qu'il ne serait pas impossible de trouver
des points sur lesquels l'accord est fait définitivement, d'autres sur lesquels il devient tous les
jours plus facile et plus probable. Mais acceptons
le fait tel qu'on le présente : encore convient-il de
le bien interpréter. Renan devait des explications

1. *Dialogues et fragments philosophiques*, p. 285.

à ceux de ses contemporains qui reproduisaient,
avec plus ou moins de fidélité, les formules ou les
idées de Hegel : la métaphysique ne réalise-t-elle
aucun progrès, si elle suscite sans cesse des principes antagonistes et les réconcilie dans des principes supérieurs ? Il devait des explications aux
éclectiques qui lisaient dans l'histoire une philosophie toute faite, *perennis quædam philosophia :*
est-on autorisé à dire sans preuve qu'il est *incontestable* que la philosophie piétine sur place, lorsque
la plupart des penseurs d'une époque affirment le
contraire ? On a souvent raison contre l'assen-
timent universel, mais on n'en triomphe que par
une démonstration. Renan avait à défendre son
sentiment contre les philosophes qui proclament
que les essentielles divergences des systèmes sont
plus apparentes que réelles et que, sans nier le
principe de contradiction, il convient de concilier
entre elles les doctrines. Il avait à discuter l'as-
sertion de cette école qui soutient que les grandes
doctrines sont réellement contradictoires entre
elles, qui renonce à les concilier et qui pourtant
ne conclut pas au scepticisme : le criticisme, en
effet, voit un progrès dans la façon dont une même
question se présente à travers les siècles : l'esprit

humain ne cesse pas de rencontrer des réponses
opposées aux cinq ou six questions cardinales,
mais il choisit toujours mieux en connaissance de
cause entre « les affirmations ou négations capi-
tales auxquelles peut s'appliquer une croyance rationnelle [1] ». Il y a donc bien des manières de
comprendre cette interrogation : le progrès existe-
t-il en philosophie ? On n'a pas sans doute à les
critiquer toutes en détail ; mais qui en adopte une
nous doit de l'appuyer sur une analyse sévère et
des arguments précis. Dans quel écrit de Renan
trouve-t-on ces arguments et cette analyse ?

Au fond, Renan juge inutile d'établir directement sa thèse, car elle n'est qu'un corollaire de
cette autre affirmation : La philosophie rentre dans
la catégorie de l'art. La conséquence est-elle logi-
quement détruite ? Pour le savoir, précisons les
termes. Veut-on nous dire que dans la philosophie
il y a de l'art ou qu'elle n'est qu'un art ?

Dans le premier cas, la conclusion paraît dépasser les prémisses. Des penseurs qui ne sont ni des
sceptiques ni des dilettantes accordent l'essentiel
de la thèse et sont loin d'aboutir au même résultat

1. Renouvier, *Critique philosophique*, 1879, t. II, p. 317.

final. A en croire M. Boutroux, la philosophie ne se fonde exclusivement, ni comme la science sur les principes de la raison théorique, ni comme la religion sur les principes de la volonté ; elle participe à la fois de la volonté et de la raison, cherchant si l'une doit être élevée au-dessus de l'autre, ou si toutes deux doivent être mises sur le même rang ; si elles doivent être ramenées à l'unité et de quelle manière ; elle implique donc des éléments artistiques ; mais si elle a des relations avec l'art, elle n'en a pas moins avec la science ; cette dernière parenté lui est essentielle et ne doit jamais être méconnue. Si Renan l'entend de la sorte ou d'une façon approchante, le corollaire n'est pas rigoureusement tiré.

Mais sa pensée est toute autre : la philosophie n'est qu'un art, veut-il dire. Dans ce cas la conclusion est exacte, mais la prémisse est-elle juste ? C'est sur ce point que l'effort de sa démonstration devait porter ; or nous cherchons celle-ci et nous ne la trouvons pas, nous en sommes réduits à en glaner de côté et d'autre les fragments supposés. Le philosophe, nous dit-on, commence par ramasser des données positives, mais ce n'est là pour lui qu'un travail préliminaire : son œuvre est ensuite

de s'emparer de ces données et de construire son
temple à sa guise. N'est-ce point ainsi que procède
l'artiste? « Chaque être vivant a son rêve qui l'a
charmé, élevé, consolé : grandiose ou mesquin,
plat ou sublime, ce rêve est sa philosophie »; fort
bien, mais philosophie n'est-il pas ici synonyme
de poème? « Cela est si vrai que l'originalité personnelle est en philosophie la qualité la plus re-
quise, tandis que dans les sciences positives la vérité des résultats est la seule chose à considérer. »
En faut-il plus pour assimiler la philosophie à
l'art?

Nous croyons comprendre ces assertions; mais
il nous semble qu'elles auraient fort étonné les
vrais philosophes, ceux dont l'historien essaie de
pénétrer la pensée. Ils ne se doutaient pas qu'ils
édifiaient « à leur guise » leur demeure spirituelle.
Ils ne se savaient pas libres de s'abandonner comme
les poètes à leur fantaisie ailée et il leur est arrivé
souvent de repousser une hypothèse dont ils auraient aimé de s'enchanter pour en adopter une
autre qui leur paraissait moins belle et plus vraie.
Surtout ils ne soupçonnaient guère que l'essentiel
doit être la poursuite de l'originalité. Nous avons
vu à une date assez récente des métaphysiciens

s'écrier, ou peu s'en faut, comme Renan dans la préface des *Dialogues philosophiques* : « Je veux imaginer quelque chose de nouveau. » Et qui n'a pensé que ce beau zèle ne deviendrait fructueux — et même digne d'attention — que le jour où il serait plus désintéressé et plus austère ? La thèse de Renan est de celles qui ont besoin d'une démonstration et dont l'évidence est loin d'être impérieuse. Renan s'est conduit comme s'il ne s'en doutait pas.

Peut-être avons-nous fait fausse route en cherchant dans ses écrits eux-mêmes la justification de sa conception essentielle ? Cette conception ne serait-elle pas l'aboutissant logique de certaines analyses philosophiques que Renan s'est contenté d'accepter ? N'est-elle pas le terme d'un travail collectif dont il n'a fait que traduire la conclusion pratique ? Et, en effet, il ne semble point malaisé d'indiquer les doctrines dont Renan s'est inspiré. Auprès de Kant, il a appris que les catégories sont les moules suivant lesquels l'esprit humain est obligé de concevoir les choses, mais que ces moules, envisagés indépendamment des données de l'expérience, sont aussi vides que ceux des mathématiques, et que, par conséquent,

la métaphysique est une illusion. A l'école de
Hamilton, il a compris l'inanité de toutes les formules qui tendent à faire de Dieu quelque chose,
la nécessité de laisser l'idée religieuse dans sa plus
complète indétermination, l'impossibilité de dire
sur ces sujets-là un mot qui ne soit absurde
à sa manière et de se résoudre à une négation
qui serait plus absurde encore. Au positivisme il a
pris cette conviction que la philosophie doit rede-
venir tout simplement la science universelle, qu'au
lieu de résoudre le problème de l'univers par de
rapides intuitions elle doit d'abord analyser les
éléments dont l'univers se compose et construire
la science du tout par la science isolée des parties.
A Hegel il a emprunté cette idée que tous les systèmes philosophiques ont leur part de vérité, que
chacune des contradictions qui semblent les détruire exprime au contraire un élément de cette
vérité qui ne sera complète qu'au sein d'un système supérieur et conciliant toutes les oppositions.
La conception renanienne de la philosophie, con-
sidérée d'un peu haut, paraît donc reposer sur une
importante substruction philosophique. Elle est la
conclusion dernière de trois ou quatre grandes
doctrines, qui, par des voies diverses, sont arri-

vées à se mettre d'accord sur l'essentiel. Pour l'écarter, il faudrait s'attaquer aux plus fortes critiques de l'entendement. Ne sommes-nous pourtant pas dupes d'une illusion ? Renan a-t-il été vraiment le disciple de ces philosophes ?

Qu'il y ait quelque ressemblance entre certaines de ces théories et celles de Hamilton, c'est certain. Mais l'accord n'est pas une preuve de filiation et Renan n'a pas introduit dans ses écrits une seule ligne qui rappelle l'argumentation du penseur auprès duquel on veut qu'il se soit inspiré. Avec Hegel il affirme que tout ce qui est réel est rationnel; mais il traite d'illusion enfantine la conversion de cette formule, il n'admet en aucune façon que ce qui est rationnel soit toujours réel. Enfin s'il a paru puiser dans la *Critique de la raison pure*, il n'a jamais tenu compte de ce qu'il y a trouvé. Dans *l'Avenir de la Science*, il se contente de répéter de temps en temps que Kant a ruiné la métaphysique, sans avoir l'air de se douter des conséquences de cette affirmation. Dans les *Dialogues philosophiques*, il laisse Philalèthe, Théophraste et Théoctiste exposer tour à tour leurs certitudes, leurs probabilités et leurs rêves; et, quand ils ont donné libre cours

à leurs fantaisies, il fait intervenir l'homme raisonnable. « Nous touchons ici, dit doucement Eutyphron, aux antinomies de Kant, à ces gouffres
de l'esprit humain où l'on est ballotté d'une contradiction à une autre. Arrivé là, on doit s'arrêter. [1] »
Eutyphron parle d'or, mais un peu tard. Ce n'est
pas au terme des *Dialogues* que surgissent les antinomies ; si l'on voulait leur échapper, il ne fallait
même pas commencer. Ce personnage connaît
donc la *Critique de la raison pure*, il en tire des
arguments contre une certaine métaphysique, et
il ne s'aperçoit pas que toutes les théories présentées sous les noms fallacieux de certitudes, de
probabilités et de rêves, tombent sous le coup de
ces mêmes arguments. Renan, qui a eu toutes les
imprudences de Philalèthe, de Théophraste et de
Théoctiste réunis, n'a jamais été plus sévère
qu'Eutyphron, et c'est dommage. Sa conception de
la philosophie n'a-t-elle donc d'autre fondement
que les résultats, admis en gros, de trois ou quatre
philosophies étudiées d'un peu loin ? Ce ne serait
pas une recommandation.

1. *Dialogues et fragments philosophiques*, p. 147.

III

Mais pourquoi cette conception ne proviendrait-elle pas d'une autre source, de la pratique de la science à laquelle Renan s'était consacré ? Il avait dû sa liberté à l'histoire et à la philologie ; il était naturel qu'il leur vouât ses forces. Par une illusion propre à tous les travailleurs, il en a fait les disciplines essentielles de l'esprit humain. Il a généralisé ses procédés d'historien et les a érigés en méthode philosophique. Or que poursuit l'historien ? L'intuition de l'humanité. Il n'a pas accompli son œuvre quand il a collectionné des documents, qu'il en a discuté la valeur, qu'il les a classés d'après leur ordre d'importance ; son œuvre véritable ne commence qu'après ce travail préparatoire : « Les bénédictins et les auteurs des grandes collections du XVIIe et du XVIIIe siècle, en réunissant les documents originaux, ont posé la condition de l'histoire ; mais ils ne l'ont pas faite[1]. » Renan s'approprie le jugement que portait

____

1. *Essais de Morale et de Critique*, p. 117.

sur eux Augustin Thierry : « Ils ont étudié curieu-
sement les lois, les actes publics, les formules ju-
diciaires, les contrats privés ; ils ont discuté,
classé, analysé les textes, fait dans les actes le
partage du vrai et du faux avec une étonnante sagacité ; mais le sens politique de tout cela, mais ce
qu'il y a de vivant sous cette écriture morte, mais
la vue de la société elle-même et de ses éléments
divers, soit jeunes, soit vieux, soit barbares, soit
civilisés, leur échappe, et de là viennent les vides
et l'insuffisance de leurs travaux[1]. » L'histoire
n'est donc vraie qu'à une condition, c'est d'évoquer la vie profonde de l'humanité : « L'âme y est
aussi nécessaire que dans un poème ou une œuvre
d'art, et l'individualité de l'écrivain doit s'y refléter[2]. » L'imagination est par suite une faculté
essentielle de l'historien ; les érudits ont beau la
proscrire et la charger d'anathèmes, elle a souvent
plus de chances de trouver le vrai qu'une fidélité
servile qui se contente de reproduire les récits
originaux des chroniqueurs : « Les gravures des
ruines de Rome, de Piranesi, sont essentiellement
fautives, si on les envisage comme des images de

1. *Essais de Morale et de Critique*, p. 119.
2. *Ibid.*, p. 120.

monuments existants ; elles changent une foule de détails, elles en ajoutent, elles intervertissent les plans et les distances. Et pourtant si on les prend, non comme une représentation des traits matériels du paysage, mais comme un essai pour en rendre l'impression générale, elles sont plus exactes que la meilleure photographie : celle-ci, en effet, ne nous montre que des lignes inanimées, elle dissimule l'âme et le type idéal de l'objet qu'elle reproduit, tandis que la gravure en donne le sens moral et esthétique, c'est-à-dire, au point de vue d'une philosophie élevée, sa plus intime réalité[1]. » Remplacez dans ce développement la gravure par la philosophie, la photographie par une quelconque des sciences spéciales, et vous aurez la formule de la conception que nous analysions plus haut.

Et n'est-ce pas à l'histoire que Renan a emprunté sa notion de la vérité ? L'histoire ne découvre pas la religion en soi, mais des religions, ni la morale idéale et une, mais des mœurs ; ni des principes, mais des faits ; elle explique tout, et il n'y a pas loin d'expliquer un événement ou une

1, *Essais de Morale et de Critique*, p. 130.

opinion à les approuver. Cet événement ou cette opinion ont été ce qu'ils ont pu et ce qu'ils ont dû ; ils ont donc été légitimes, c'est-à-dire non seulement réels, mais fondés en raison. Les contradictions font partie intégrante du monde, et il faut les reproduire fidèlement si l'on veut être un miroir en face des choses : « Je suis un penseur, comme tel je dois tout voir. Un ouvrage complet ne doit pas avoir besoin qu'on le réfute. L'envers de chaque pensée doit y être invoqué, de manière que le lecteur saisisse d'un seul coup d'œil les faces opposées dont se compose toute vérité [1]. »

Renan a grandi à l'infini sa conception de l'histoire et en a fait sa conception de la philosophie. Nous comprenons dès lors que celle-ci puisse être associée à un positivisme plus ou moins inconscient ; réduite à une poésie dont la nécessité et le caractère illusoire sont également incontestables, elle peut coexister dans un esprit avec la négation de la connaissance transcendantale. La définition n'en est pas fondée sur le kantisme, mais elle est fortifiée en un sens par la *Critique de la raison pure*, sans que le penseur se sente gêné

<hr>

1. *Le Prêtre de Némi*, préface, p. VI.

R. ALLIER.   4

par celle-ci ; il prend son bien où il le trouve, s'empare de ce qui confirme ses vues et néglige ce qui les contrarie. De la même façon il est et il n'est pas hégélien. En enseignant que ce qui est réel est rationnel, Hegel a enseigné à respecter et à comprendre les faits. Ses disciples, sans abandonner le fond même de sa philosophie, ont renoncé peu à peu à reconstruire le monde *a priori* ; ils ont voulu retrouver par l'expérience seule la dialectique qui est l'essence des choses. Après avoir eu l'air de le mépriser, ils ont réhabilité le fait et l'ont exalté. Tout homme qui, en ce siècle, a voulu être vraiment historien, c'est-à-dire voir dans l'histoire comment tout se touche et s'enchaîne, se limite et se prolonge, a subi l'influence de l'hégélianisme. Il n'est pas étonnant que Renan ait emprunté des idées et des formules au penseur dont les sciences historiques ont reçu une si prodigieuse impulsion.

Renan est donc justifié de l'accusation d'avoir adopté sans les critiquer les conclusions de plusieurs systèmes et d'en avoir fait, sans plus ample examen, la base du sien propre. Il n'est pas vrai que sa doctrine se soit ainsi formée. Ce n'est ni par Kant, ni par Hegel, ni par Comte, qu'il a été conduit à ses idées personnelles ; c'est à travers ses idées personnelles qu'il a étudié ces philosophes et il ne leur a emprunté que ce qui cadrait avec sa pensée. Mais d'autre part la négation de la métaphysique n'est plus la conclusion d'une critique de la connaissance, elle n'est qu'affaire de tempérament et non plus de raison. Elle est une de ces idées qui se forment en nous au contact de la réalité, par la collaboration inconsciente des circonstances qui nous frappent et de notre imagination qui les commente. C'est une question de savoir si nous n'avons qu'à assister passivement à la bataille de nos opinions, si ce n'est pas renoncer à voir bien des causes d'erreurs. Trancher la question n'est pas la résoudre. Celui que d'aucuns ont appelé le père de la philosophie critique en France nous paraît être un philosophe du passé, si sous ce nom on entend ceux qui sont antérieurs à la *Critique de la raison pure* ou qui se comportent comme si elle n'avait pas été écrite.

CHAPITRE III

VUES MÉTAPHYSIQUES

I

Entrons dans le détail de cette philosophie ; nous verrons s'il confirme ou non l'hypothèse que nous avons avancée.

Le métaphysicien n'est qu'un poète qui rend l'esprit et la vie de la nature et de l'humanité. Il n'est point réduit à ce rôle pour cette seule raison qu'il ne peut atteindre l'absolu ; celui-ci se révèle et existe uniquement dans la réalité tangible, visible, observable. « L'absolu de la justice et de la raison ne se manifeste que dans l'humanité : envisagé hors de l'humanité, cet absolu n'est qu'une abstraction ; envisagé dans l'humanité, il est une réalité. Et ne dites pas que la forme qu'il revêt entre les mains de l'homme le souille et l'abaisse. Non, non, l'infini n'existe que lorsqu'il revêt une forme finie. Dieu ne se voit que dans ses incarnations. La critique, qui sait voir le divin en toutes choses, est ainsi la condition de la religion et de la philosophie épurées, j'ajouterai de toute morale forte et éclairée [1]. » Si donc l'on ne se contente pas de composer des poèmes sur l'Être, si l'on veut le saisir vraiment, il faut recourir à l'histoire, « forme nécessaire de la science de tout ce qui est dans le devenir [2] ». C'est là du pur hégélianisme ; la conséquence du principe en est rigoureusement déduite. Mais est-ce une argumentation hégélienne qui amène cette conclusion ? Nous ne parvenons à la découvrir ni dans *l'Avenir de la Science* [3], où Renan a, pour la première fois, développé sa thèse, ni dans *la Métaphysique et son avenir* [4], où il l'a reprise avec amour.

Mais, à défaut de cette démonstration, le penseur nous révèle que « dans la nature et dans

1. *Dialogues et fragments philosophiques*, p. 310.
2. *L'Avenir de la Science*, p. 174.
3. *Ibid.*, p. 479.
4. *Dialogues et fragments philosophiques*, p. 310.

l'histoire il voit bien mieux le divin que dans les formules abstraites de la théodicée et de l'ontologie ». Comprenons bien ce qu'il veut dire. Que par l'abstraction, on n'arrive pas à Dieu, nous nous en doutions, puisque Renan nous a prévenus que par elle on n'arrive à rien. Nous ne sommes pas plus heureux avec l'expérience : « Si la Divinité avait voulu être perçue par le sens scientifique, nous découvririons dans le gouvernement général du monde des actes portant le cachet de ce qui est libre et voulu ; la météorologie devrait être sans cesse dérangée par l'effet des prières des hommes, l'astronomie parfois en défaut. Or aucun cas d'une telle dérogation n'a jamais été scientifiquement constaté... Loin de révéler Dieu, la nature est immorale ; le bien et le mal lui sont indifférents. L'histoire même est un scandale au point de vue de la morale[1]. » Renan ne vient-il pas de nier ce qu'il avait paru d'abord affirmer? — Si l'on n'aperçoit pas dans le monde les marques d'une volonté supérieure, il est incontestable que l'humanité a été toujours et partout religieuse. « Les grandes races ont trouvé en

____

1. *Dialogues et fragments philosophiques*, pp. 318-319.

elles-mêmes un instinct divin, dont la force,
l'originalité, la richesse éclatent dans l'histoire
avec une splendeur inouïe. Le devoir, le dévoue-
ment, le sacrifice, toutes choses dont l'histoire est
pleine, sont inexplicables sans Dieu. Si l'on ré-
cuse ce grand témoignage de la nature, il faut
être conséquent, il faut avouer que tous les honnêtes gens ont été des dupes, il faut traiter de
fous les martyrs de tous les siècles... Mais soutenir
cela, c'est contredire aussi formellement le témoignage de la nature humaine que quand on nie la
véracité de la perception des sens. Dans les deux
cas, la répugnance est égale, et l'esprit se trouve
placé dans la même impossibilité de douter[1]. »

Comme il est instructif, ce rapprochement entre
l'existence de Dieu et celle du monde extérieur !
Ce n'est pas en vain que Reid est resté longtemps
« l'idéal » de Renan. Voici le sens commun, qui
lui est si cher, installé en théodicée à la place de
la raison métaphysique. Il met en formule des
sensations vives, mais parfois peu cohérentes.
Dans la question du monde extérieur, il résume à
sa façon les expériences superficielles de la géné-

---

1. *Dialogues et fragments philosophiques*, pp. 321-322.

ralité des hommes ; dans le cas qui nous occupe,
il traduit avec une élégance raffinée les constata
tions ou plutôt les émotions d'un historien qui, se
promenant à travers les siècles, a vu partout l'humanité s'élever, par un invincible effort, à la conception et au culte du parfait. Et il s'agit si bien
d'une pure et simple impression, commentée par
le sens commun, qu'elle peut être démentie, sans
être annihilée, par une impression différente. Il
suffit, pour cela, de regarder le monde sous un
autre angle, de relever un certain nombre de ces
affronts que les faits infligent trop souvent à la
vertu la plus authentique et une pensée surgit
aussitôt : le bien n'est que duperie. C'est juste le
contraire de ce qu'on insinuait tout-à-l'heure. Mais
le sens commun ne s'embarrasse pas de telles
contradictions ; il s'accommode de bien d'autres
dans le problème du monde extérieur ! Renan rai-
sonne vraiment à la façon de Reid. Mais on peut
donner à sa pensée une forme plus renanienne.
La philosophie, avons-nous vu, n'est que l'assaisonnement des sciences ; elle consiste à ramener
à une unité intelligible et provisoire les éléments
recueillis par les recherches particulières. Quand
le caractère provisoire de cette unité est recon-

nu, pourquoi s'enfermerait-on dans une formule
définitive ? Toutes celles qui mettent de l'ordre
dans mes états de conscience sont légitimes.
D'après les moments nous affirmerons que le dé-
vouement est une absurdité ou qu'il prouve Dieu;
ces attitudes dépendront de l'effet que les événements produiront sur nous. Les spéculations de
Renan sur l'absolu et le divin peuvent revêtir une
forme hégélienne; elles ne sont que les rêveries
d'un historien qui découvre deux ou trois moyens
d'ordonner ses expériences, qui refuse de choisir
entre eux et s'en sert à tour de rôle.

N'est-ce point cette même pratique de l'histoire
qui lui fait sentir combien tout devient ? « Vouloir
saisir un moment dans ces existences successives
pour y appliquer la dissection et les tenir fixe-
ment sous le regard, c'est fausser leur nature.
Car elles ne sont pas à un moment, elles se font.
Tel est l'esprit humain [1]. » N'est-ce pas enfin la
pratique constante d'une certaine discipline intellectuelle qui porte à croire qu'elle donne la clé
de tous les mystères ? « C'est par l'étude de la
nature qu'on est arrivé jusqu'ici à la philosophie;

1. *L'Avenir de la Science*, p. 174.

mais je ne crois pas me tromper en disant que c'est aux sciences du second groupe, à celles de l'humanité, qu'on demandera désormais les éléments des plus hautes spéculations. » La conclusion doit être que « la science des langues, c'est l'histoire des langues ; la science des littératures et des religions, c'est l'histoire des littératures et des religions ; la science de l'esprit humain, c'est l'histoire de l'esprit humain [1] ». Généralisez : la science de l'être, c'est l'histoire de l'être. « La science ne commence qu'avec les détails. Pour qu'il y ait exercice de l'esprit, il faut de la superficie, du variable, du divers ; autrement on se noie dans l'un infini. L'un n'existe et n'est perceptible qu'en se développant en diversité, c'est-à-dire en phénomènes. Au delà, c'est le repos, c'est la mort. La connaissance, c'est l'infini versé dans un moule fini. Le nœud seul a du prix. Les faces de l'unité sont seules objet de science. »

Nous sommes en face d'une extension des études particulières de Renan. La preuve en est qu'il applique au devenir de l'être total la loi que,

1. *L'Avenir de la Science*, p. 174.

sur les indications de Cousin, il croit avoir remar-
quée dans le devenir des langues. Il a appris de
son maître que le fait le plus simple de la connaissance humaine s'appliquant à un objet complexe
se compose de trois actes : vue générale et confuse du tout, — vue distincte et analytique des
parties, — recomposition synthétique du tout avec
la connaissance que l'on a des parties. L'esprit humain, dans sa marche, traverse trois états qu'on
peut désigner sous les trois noms de syncrétisme,
d'analyse, de synthèse, et qui correspondent à
ces trois phases de la connaissance. « Les langues présentent un développement analogue. Pre-
nons une famille de langues, qui renferme plusieurs dialectes, la famille sémitique par exemple.
Certains linguistes supposent qu'à l'origine il y
avait une seule langue sémitique, dont tous les
dialectes sont dérivés par altération ; d'autres supposent tous les dialectes également primitifs. Le
vrai, ce semble, est qu'à l'origine les divers ca-
ractères qui, en se groupant, ont formé plus tard
le syriaque, l'hébreu, etc., existaient syncrétique-
ment et sans constituer encore des dialectes indé-
pendants. Ainsi : 1° existence confuse et simul-
tanée des variétés dialectales ; 2° existence isolée

des dialectes ; 3° fusion des dialectes en une unité plus étendue [1]. »

Faut-il, se demande Renan, limiter cette loi à l'intelligence humaine ? — « Évolution d'un germe primitif et syncrétique par l'analyse de ses membres, et nouvelle unité résultant de cette analyse, telle est la loi de tout ce qui vit. Un germe est posé, renfermant en puissance, sans distinction, tout ce que l'être sera un jour ; le germe se développe, les formes se constituent dans leurs proportions régulières, ce qui était en puissance devient un acte ; mais rien ne se crée, rien ne s'ajoute [2]. » Et pourquoi reculer devant une extension plus grande encore de l'hypothèse, « que l'on ne prend plus d'une manière dogmatique, mais comme une belle épopée sur le système des choses » ? Pourquoi ne pas supposer que c'est la loi même de Dieu ? — « L'unité primitive était sans vie, car la vie n'existe qu'à la condition de l'analyse et de l'opposition des parties. L'être était comme s'il n'était pas, car rien n'y était distinct ; tout y était sans individualisation, ni existence séparée. La vie ne commença qu'au moment où

1. *L'Avenir de la Science*, p. 518.
2. *Ibid.*, p. 312.

l'unité obscure et confuse se développa en multiplicité et devint univers. Mais l'univers, à son tour, n'est pas la forme complète, l'unité n'y est pas assez sensible. Le retour à l'unité s'y opère par l'esprit ; car l'esprit n'est que la résultante unique d'un certain nombre d'éléments multiples. L'histoire de l'être ne sera complète qu'au moment où la multiplicité sera toute convertie en unité, et où, de tout ce qui est, sortira une résultante unique qui sera Dieu, comme, dans l'homme, l'âme est la résultante de tous les éléments qui le composent. Dieu sera alors l'âme de l'univers, et l'univers sera le corps de Dieu, et là vie sera complète ; car toutes les parties de ce qui est auront vécu à part et seront mûres pour l'unité. Le cercle alors sera fermé [1]. »

II

Revenons à l'idée que nous avons rencontrée la première. Connaître les choses, c'est les connaître dans leur évolution. La vraie révélation du monde,

1. *L'Avenir de la Science*, p. 313.

R. ALLIER. 5

en est l'histoire. Cela est si vrai qu'il suffit de bien classer les sciences dans leur ordre de filiation pour refaire à grandes étapes cette histoire du monde [1].

L'histoire proprement dite nous éclaire sur la dernière période ou plutôt sur la dernière phase de cette période ; la philologie et la mythologie comparée nous font remonter bien au delà des textes historiques jusqu'à l'origine des races, des lois, des langues, jusqu'aux premiers bégaiements de la conscience humaine. L'archéologie préhistorique nous introduit dans un passé encore plus lointain. La morphologie zoologique, étudiée avec philosophie et pénétration, nous livrerait le secret de la formation lente de l'humanité, « de ce phénomène étrange en vertu duquel une espèce animale prit sur les autres une supériorité décisive ». Le géologue fait le récit des transformations que la terre a subies, avant l'homme et avant la vie, depuis le jour où elle exista comme globe indépendant, des événements qui réglèrent la forme des continents, les sinuosités des mers, la proportion des surfaces émergeantes et des sur-

1. *Dialogues et fragments philosophiques*, pp. 155-172.

faces submergées, la nature des sous-sols destinés à chaque race, et qui ont eu une influence si capitale sur la destinée de chacune d'elles. L'astronomie nous fait à son tour dépasser toute conception planétaire et arrive à un point de vue où la terre n'est qu'un individu dans un ensemble plus vaste ; elle parle de l'époque où la terre n'avait pas son existence distincte, où elle était confondue avec le soleil, dont elle reçoit aujourd'hui toute sa vie. Et nous savons que le soleil n'est pas seul de son espèce, qu'il y a d'autres soleils, sans doute de même nature et assujettis aux mêmes lois que celui que nous connaissons. La chimie du soleil est la même que celle de la terre ; et l'analogie des étoiles fixes avec le soleil nous fait croire que la chimie que nous connaissons s'y applique également. La chimie nous fait donc atteindre une époque de l'histoire où la distinction des systèmes du monde n'existait pas, au moins dans certaines régions de l'espace ; elle est l'histoire de la fondation de la première molécule. La physique mécanique va encore au delà de la chimie ; elle nous transporte dans un monde composé d'atomes purs, ou, pour mieux dire, de forces dénuées de toute qualité chimique ; la gravitation a dû être quelque chose d'antérieur aux réactions chimiques. Nous arrivons ainsi au point où notre raison s'abîme, où toute science s'arrête, où les analogies se taisent, où les antinomies de Kant se dressent en barrières infranchissables.

Relisez ce tableau des sciences en commençant par la physique mécanique ; le spectacle auquel vous assistez est bien celui qu'annonçait *l'Avenir de la Science :* une différenciation toujours plus grande d'un principe d'abord homogène. Cette évolution, voilà ce qui est. N'est-elle pas la manifestation d'un nisus intime, d'un effort vers le mieux, vers la vie toujours plus développée? Qu'on appelle comme on voudra ce principe immanent, il devient toujours plus conscient et plus réel. — « De qui donc est cette phrase » : « Dieu est immanent, non seu-
» lement dans l'ensemble de l'univers, mais dans
» chacun des êtres qui le composent, seulement
» il ne se connaît pas également dans tous. Il se
» connaît plus dans la plante que dans le rocher,
» dans l'animal que dans la plante, dans l'homme
» que dans l'animal, dans l'homme intelligent que
» dans l'homme borné, dans l'homme de génie
» que dans l'homme intelligent, dans Socrate que

» dans l'homme de génie, dans Bouddha que dans
» Socrate, dans le Christ que dans Bouddha ? »
Voilà la thèse fondamentale de toute notre théologie. Si c'est bien là ce qu'a voulu dire Hegel,
soyons hégéliens [1]. » La perfection de Dieu sera
donc au terme de l'évolution, quand la conscience
aura tout pénétré : « Dieu alors sera complet, si
l'on fait du mot Dieu le synonyme de la totale
existence. En ce sens, Dieu sera plutôt qu'il
n'est ; il est *in fieri,* il est en voie de se faire [2]. »

Si l'histoire nous montre uniquement une différenciation progressive des êtres, elle doit faire
sortir les réalités les unes des autres, supprimer
les solutions de continuité, en particulier la plus
grave, celle qui créerait un abîme entre la matière
et la pensée. *L'Avenir de la Science* contient déjà
cette conception. Celle-ci est essentielle à Renan ;
si elle prend souvent une forme spinoziste, c'est
que cette forme lui convient mieux qu'une autre,
sans être cependant une conclusion obtenue selon
la méthode de Spinoza : « L'ancienne hypothèse
de deux substances accolées pour former l'homme,
hypothèse qui doit être maintenue pour la commo-

1. *Dialogues et fragments philosophiques,* p. 187.
2. *Ibid,* p. 184.

dité du langage, est vraie si l'on entend parler de deux ordres de phénomènes, dont l'un dépasse l'autre de toute la distance de l'infini; mais elle est fausse si l'on entend soutenir qu'à un certain moment de l'existence organique, un nouvel être vient s'adjoindre à l'embryon qui auparavant ne méritait pas le nom d'homme. C'est là une manière de se représenter les choses qui est en contradiction avec les résultats de la science expérimentale de la vie et qui répugnera toujours au physiologiste [1]. »

Et si l'on veut s'assurer que l'histoire est pour beaucoup dans la formation des idées les plus métaphysiques de Renan, on n'a qu'à voir comment il parle de l'immortalité. Il lui arrive d'écrire des phrases tout à fait spinozistes : « L'âme est immortelle ; car, échappant aux conditions serviles de la matière, elle atteint l'infini, elle sort de l'espace et du temps, elle entre dans le domaine de l'idée pure, dans le monde de la vérité, de la bonté, de la beauté, où il n'y a plus de limites ni de fin [2]. » Mais en général il aime mieux contempler

1. *Essais de Morale et de Critique*, p. 65. — Cf. *L'Avenir de la Science*, p. 478.
2. *Essais de Morale et de Critique*, p. 63.

le retentissement de nos pensées dans nos œuvres ou le prolongement de ce que nous sommes dans ceux qui naissent de nous ; là est la véritable immortalité dont il aime à s'entretenir. Tantôt il dira que penser l'absolu ou réaliser le divin par la justice, c'est prendre sa part des choses éternelles, s'associer à l'Éternel par le bien accompli ou par la vérité exprimée sous des formes durables[1]. Tantôt il se plaira à évoquer les pères de la tribu obscure au foyer de laquelle il puisa sa foi à l'invisible, l'humble clan de laboureurs et de marins à qui il doit la vigueur de son âme, et il rêvera qu'il est leur conscience et que par lui ils arrivent à la vie et à la voix[2]. L'hérédité que nous constatons n'est-elle pas le symbole et la prophétie de ce qui sera un jour quand Dieu sera ? « Un être omniscient et omnipotent pourra être le dernier terme de l'évolution déifique — soit qu'on le conçoive jouissant par tous (tous aussi jouissant par lui, selon le rêve de la mysticité chrétienne) ; — soit qu'on le conçoive comme une individualité arrivant à la force suprême ; — soit qu'on le conçoive comme résultant de milliards d'êtres, comme

1. *Dialogues et fragments philosophiques*, p. 186.
2. *Essais de Morale et de Critique*, préface, pp. XVIII-XIX.

l'harmonie, le son total de l'univers... L'univers serait un polypier infini où tous les êtres qui ont jamais été seraient soudés par leur base, vivant à la fois de leur vie propre et de la vie de l'ensemble[1]. »

Sortons des probabilités et des rêves ; regardons aux certitudes de Renan. Il en possède deux : l'une porte sur la question de savoir si une volonté supérieure à celle de l'homme est jamais intervenue dans l'univers, l'autre sur la question de savoir si la nature poursuit ou non une fin. A ces deux questions il fait une réponse qui exclut tout doute. Il est vrai que le mot de certitude a ici un sens spécial, il ne désigne que l'état d'âme de l'homme qui se dit certain, et Renan n'indique pas à quelle condition cet état d'âme est légitime.

Or pourquoi Renan est-il certain qu'aucune puissance supérieure à l'homme n'est jamais intervenue dans l'univers ? C'est parce qu'on ne l'a jamais constaté. « Une chose absolument hors de doute, c'est que, dans l'univers accessible à notre expérience, on n'observe et on n'a jamais observé aucun fait passager provenant d'une volonté ni de

---

1. *Dialogues et fragments philosophiques*, p. 126.

volontés supérieures à celle de l'homme[1]. » Dans
ses *Dialogues*, il énumère les expériences qu'il
faudrait faire pour prouver l'efficacité de la prière ;
il multiplie dans ces pages les traits d'esprit, mais
le moindre grain de mil ferait mieux notre affaire,
c'est-à-dire une discussion vraiment philosophique.
Renan n'oublie qu'un ou deux points du problème,
et qui paraissent avoir leur gravité. Il ne se demande pas s'il n'y a pas une conception du surnaturel qui respecte toutes les lois de la nature,
qui nie que Dieu viole jamais une loi et qui par
conséquent met l'action divine en dehors et au-
dessus de l'observation. Il ne se demande même
pas s'il ne faudrait pas, à la rigueur, introduire
une distinction entre le surnaturel physique et le
surnaturel moral et s'il est vraiment établi qu'aucun
homme n'a jamais éprouvé dans sa conscience
l'action d'une puissance invisible. Il est certain
que, si elle est réelle, cette action, indubitable
pour celui qui l'éprouve et mystère même de la
religion, échappe aux prises de l'observation extérieure. On n'a jamais vu cette action, répète Renan
dans tous ses ouvrages. Nous ne prétendons pas

1. *Examen de conscience philosophique.* — *Feuilles détachées*,
p. 402.

le contraire ; mais qu'est-ce que cela prouve ? Il aurait fallu le montrer, et Renan ne s'en est jamais préoccupé. Il sourirait de notre insistance ; mais un sourire peut marquer du parti pris ou du dédain, il ne tient pas lieu d'argument.

D'où provient la seconde certitude ? Pourquoi affirme-t-il que le monde a un but et travaille à une œuvre mystérieuse ? C'est que Renan est frappé par un certain nombre de faits. Historien, il a vu comment se produit un homme de génie. Pendant des années, des siècles même, des séries de bons bourgeois ne vivent que pour élever leurs enfants, lesquels n'auront de leur côté, arrivés à l'âge d'homme, d'autre souci que d'élever les leurs ; et tout à coup de cette obscurité émergera un individu de premier rôle qui dévorera brillamment en une heure, au profit de l'art, de la science ou de la politique, le capital d'intelligence et de force modestement amassé par le sérieux de ses ascendants. Renan a vu de grandes races se former et se maintenir, et ce résultat est dû à la monogamie, laquelle n'est point indiquée par la constitution physiologique de l'homme, et a pourtant reçu l'autorité d'une loi quasi naturelle. Il a vu d'autres races particulièrement bonnes qui sont traitées avec mépris par les races plus fortes ; malgré le dédain et l'oppression, elles s'obstinent dans leur bonté et conservent dans l'humanité un sentiment qui lui est indispensable[1]. Y aurait-il donc une finalité qui domine le tout et le meut ? Pourquoi pas ? se dit l'observateur, et ce « pourquoi pas ? » devient une de ses certitudes, si par certitude on entend l'état d'âme qui nous est le plus cher.

Examinez la même thèse au point de vue strictement philosophique. Renan, avide de saisir tous les souffles qui circulent dans le monde de la pensée, a rencontré les doctrines de Schopenhauer et de M. de Hartmann ; il leur a emprunté leurs idées sur les ruses de la nature, mais il a négligé toute leur métaphysique. Il n'est point repassé par les chemins qu'ils ont suivis ; s'il arrive aux mêmes conclusions qu'eux, c'est d'une façon vraiment étrange. Le point de départ de son raisonnement, c'est l'instinct du devoir, instinct inexplicable, qui nous pousse à nous sacrifier, qui n'est peut-être qu'un leurre, qu'en tout cas il faut accepter, si l'on ne veut se diminuer ; c'est un

1. *Dialogues et fragments philosophiques*, pp. 35, 36.

serment chevaleresque qu'on doit tenir, même si l'on en soupçonne l'absurdité. C'est par là que nous sommes divins, et il serait grotesque de nier Dieu tant qu'il existe dans le monde un être tel que l'homme et tant que les autres êtres seront mus par une finalité obscure. Le divin agit dans le monde, devient peu à peu conscient, et Dieu sera vraiment quand le monde sera parvenu à la pleine conscience. Mais cela est du panthéisme à la façon de Hegel et ne ressemble guère à la philosophie de Schopenhauer ou à celle de M. de Hartmann. S'il retrouve les affirmations du plus récent monisme allemand, ce n'est point par un raisonnement, mais par une précision de plus en plus grande qui est conférée à une série de métaphores. Peu à peu à la cécité de l'instinct, à la chimère du devoir se substitue la duperie organisée par Dieu. L'illusion qui nous mène s'objective, elle finit par se réaliser dans un sujet antérieur à l'homme et qui le trompe. Ce Dieu, qui n'a d'autre titre à l'existence... future que nos aspirations vers le bien, ce Dieu en voie de formation devient une sorte de Satan sournois qui, pour atteindre un but mystérieux, se moque de toute éternité des individus et leur fait jouer sur la scène de l'univers le

rôle de guillotinés par persuasion. Le philosophe,
il est vrai, ne s'y laisse pas prendre, et, pour s'é-
pargner le chagrin d'être dupe, il se donne la joie
d'être complice : « Le plus bel emploi du génie est
de conniver à la politique de l'Eternel, de contribuer à tendre les lacs de la nature. » — « Qu'y
a-t-il au fond de cet alambic ? demanderons-nous
avec un critique. Toutes ces subtilités, comme les
mythes analysés par Max Müller, sont dues à un
abus de langage Qu'est-ce que le machiavélisme
d'un Dieu qui, s'il existe, n'a pas de personnalité ?
Et comment, d'ailleurs, attribuer ce caractère à un
être que seul l'idéal du bien suscite à la vie [1] ? »
Oui, ajouterons-nous, la démonstration philosophique de la thèse est légère. Mais est-il sage de
s'appesantir sur une démonstration à laquelle son
auteur n'attachait sans doute pas une valeur décisive ? La thèse était pour lui l'essentiel, et elle
était une œuvre d'art suscitée par un sentiment
dominant. Au contact de la réalité, le poète
éprouve une émotion, cette émotion devient centre
de sa vie intérieure, s'empare de la pensée et tend
à se créer un corps d'images. Pourquoi chercher

1. A. Gérard, *Les Dialogues philosophiques* de M. Renan. *Revue philosophique*, 1876, II, p. 385.

dans la réflexion analytique et logique, et non pas dans la suggestion d'une sensibilité d'artiste, l'origine d'une métaphysique que son créateur donne lui-même pour une épopée? Écoutons Renan lui-même : « Est-ce en lisant les philosophes que je me suis ainsi formulé les choses ? Est-ce par l'hypothèse *a priori*? Non ; c'est par l'expérimentation universelle de la vie, c'est en poussant ma pensée dans toutes les directions, en battant tous les terrains, en secouant et creusant toute chose, en regardant se dérouler successivement les flots de cet éternel océan, en jetant de côté et d'autre un regard curieux et ami. J'ai la conscience que j'ai tout pris de l'expérience ; mais il m'est impossible de dire par quelle voie j'y suis arrivé, de quels éléments j'ai composé cet ensemble. Balancement de toute chose, tissu intime, vaste équation où la variable oscille sans cesse par l'accession de données nouvelles, telles sont les images par lesquelles j'essaie de me représenter le fait sans me satisfaire [1]. »

1. *L'Avenir de la Science,* p. 147.

CHAPITRE IV

LA MORALE

I

Toute philosophie aboutit à une morale. Quelle
est la morale de Renan ?

N'oublions pas que ses maîtres lui ont appris la
primauté de l'esprit. C'est elle qu'il affirme au lendemain de sa crise. Seulement, la vie de l'âme ne
lui apparaît plus comme contenue dans l'accom-
plissement de devoirs qui ont d'ailleurs perdu leur
fondement traditionnel. Il reproche à l'ascétisme
chrétien d'avoir négligé le beau et le vrai, d'avoir
traité de vanités la philosophie, la science et la
poésie. La distinction du profane et du sacré n'a
servi qu'à mutiler la nature humaine ; la vraie distinction à introduire est celle de la vie vulgaire et

se résumant en des besoins et des jouissances d'un ordre inférieur et de la vie idéale, céleste, divine, désintéressée. Le bien, le beau et le vrai sont les trois catégories de la vie supérieure parce qu'ils sont autant de formes de l'affranchissement. L'homme qui se dévoue n'est plus le jouet des puissances égoïstes, il est supérieur à sa nature. Celui qui crée le beau est plus fort que les nécessités naturelles, il communique l'esprit à l'inanimé. La science brise la coquille dans laquelle est enfermée l'âme individuelle et elle fait de cette âme le miroir où se reflète l'univers. Toutes ces catégories de la vie ont ceci de commun qu'elles distinguent l'homme de l'animal. A ce titre elles sont égales en prix : « Un beau sentiment vaut une belle pensée, une belle pensée vaut une belle action, un système de philosophie vaut un poème, un poème vaut une découverte scientifique, une vie de science vaut une vie de vertu [1]. » A un autre point de vue pourtant, Renan reconnaît une hiérarchie dans cette trinité. Réduit à lui seul, l'amour peut s'attacher à des chimères et par là nous laisser esclaves. L'art peut se complaire également

1. *L'Avenir de la Science*, p. 11.

dans l'erreur et par conséquent ne pas nous affran-
chir. « Savoir est au contraire la première condition du commerce de l'homme avec les choses...
Par la science il peut réfléchir une portion plus ou
moins grande de ce qui est et approcher de sa fin
qui serait d'être en parfaite harmonie avec l'uni-
versalité des choses [1]. » Savoir est d'autre part de
tous les actes de la vie le moins profane, car c'est
le plus désintéressé, le plus indépendant de la
jouissance. Et cette idée est si essentielle pour
Renan qu'il la rééditera près de quarante ans
après, dans un discours prononcé le 26 no-
vembre 1885 : « Il y a trois grandes choses : le
bien, la beauté et la vérité ; la plus grande des
trois, c'est la vérité... La vertu et l'art n'excluent
pas de fortes illusions. La vérité est ce qui est. En
ce monde la vérité est encore ce qu'il y a de plus
sérieux [2]. » La moralité est donc mise par Renan,
et dès le début, au deuxième rang. Un jour viendra
où il n'en fera qu'un moyen pour atteindre une fin
supérieure, la science ; si l'on peut tenir à la moralité, y attacher du prix, c'est uniquement parce
qu'elle est, dans l'humanité, le moyen de la

1. *L'Avenir de la Science*, p. 17.
2. *Discours et conférences*, p. 233.

science, « parce que des races honnêtes peuvent
seules être des races scientifiques »[1]. Encore cette
utilité n'est-elle pas absolue ; pour l'amour de la
science, le penseur sacrifierait volontiers la vertu :
« Mieux vaut un peuple immoral qu'un peuple
fanatique ; car les masses immorales ne sont pas
gênantes, tandis que les masses fanatiques abê-
tissent le monde, et un monde condamné à la
bêtise n'a plus de raison pour que je m'y inté-
resse ; j'aime autant le voir mourir[2]. »

Le bien n'est-il pas d'ailleurs subordonné au
beau ? N'en est-il pas une espèce ? « Je conçois
pour l'avenir que le mot morale devienne impropre... J'y substitue de préférence le mot esthétique. En face d'une action, je me demande plutôt
si elle est belle ou laide que bonne ou mauvaise,
et je crois avoir là un bon critérium. » Si le prix
de la vertu vient de la liberté qu'elle procure, il
faut qu'elle soit elle-même liberté ; il serait contradictoire d'en faire une soumission : « La morale a
été conçue jusqu'ici d'une manière fort étroite,
comme une obéissance à une loi, comme une lutte
intérieure entre des lois opposées... L'homme

1. *Feuilles détachées*, p. 436.
2. *L'Avenir de la Science*, préface, p. x.

vertueux est un artiste qui réalise le beau dans une vie humaine comme le statuaire le réalise sur le marbre, comme le musicien par des sons. Y a-t-il obéissance et lutte dans l'acte du statuaire et du musicien [1] ? » Cette conclusion est d'ailleurs une conséquence de l'intellectualisme. La règle de la vie doit être conforme à la réalité des choses puisqu'elle doit mettre l'harmonie entre nous et le monde ; or qui peut se flatter de connaître actuellement le fond de tout ? L'humanité a perdu la foi ancienne ; elle est à la poursuite d'une nouvelle forme de croyance ; elle ne l'atteindra qu'en traversant un siècle d'incrédulité et d'immoralité spéculative. En attendant de posséder cette connaissance qui nous manque, il faut agir. Que faire ? Epanouir notre être le plus possible, composer notre existence comme un beau poème que le monde ne comprendra peut-être pas, mais dont nous aurons la jouissance intime.

Tout ceci suppose que la nature humaine, laissée à elle-même, va au bien. Orgueil, s'écriera-t-on. « Il faut s'entendre, répond Renan. Si l'on entend par humilité le peu de cas que l'homme

____

1. *L'Avenir de la Science*, p. 354.

ferait de sa nature, la petite estime dans laquelle
il tiendrait sa condition, je refuse complètement à
un tel sentiment le titre de vertu, et je reproche
au christianisme d'avoir parfois pris la chose de
cette manière. La base de notre morale, c'est l'excellence, l'autonomie parfaite de la nature humaine ; le fond de tout notre système philosophique et littéraire, c'est l'absolution de tout ce
qui est humain [1]. Il faut donc comprendre tous les
genres de vie et se garder des condamnations trop
absolues. L'ascétisme est faux, et cependant il a une
grandeur qui en a été la raison d'être et qui le justifie. « J'aime mieux un *iogui*, j'aime mieux un
mouni de l'Inde, j'aime mieux Siméon Stylite mangé
de vers sur son étrange piédestal, qu'un prosaïque
industriel, capable de suivre pendant vingt ans
une même pensée de fortune… Jusqu'à ce qu'on
en soit arrivé à comprendre que l'idéal est près
de chacun de nous, on n'empêchera pas certaines
âmes (et ce sont les plus belles) de le chercher par
delà la vie vulgaire, de faire leurs délices de l'ascétisme [2]. » La recherche du bien-être est peut-être
ce qu'il y a de plus bas. Encore ne faut-il pas exa-

---

1. *L'Avenir de la Science*, p. 355.
2. *Ibid.*, pp. 84, 85, 86.

gérer ; les améliorations matérielles sont bonnes
pour autant qu'elles affranchissent l'homme de
ces nécessités qui l'humilient et qui l'arrêtent dans
son développement. « Quand un homme aisé
cherche à s'enrichir encore, il fait une œuvre au
moins profane, puisqu'il ne peut se proposer pour
but que la jouissance. Mais quand un misérable
travaille à s'élever au-dessus du besoin, il fait une
action vertueuse, car il pose la condition de sa
rédemption [1]. » C'est donc la jouissance qui est
condamnée, encore n'est-elle profane que parce
qu'on s'en fait une idée toute personnelle. Mais ne
pourrait-on pas prendre la volupté avec les idées
mystiques que les anciens y attachaient, quand ils
l'associaient aux fêtes, aux temples ? Ne pourrait-
on pas y voir seulement le perfectionnement qui
en résulte pour notre être, l'union mystique avec
la nature, la sympathie qu'elle établit entre nous
et les choses ? « J'ai lu quelque part qu'un poète ou
philosophe s'enivrait régulièrement et par conscience une fois par mois, afin de se procurer cet
état mystique où l'on touche de plus près l'infini.
En vérité, je ne sais si tous les plaisirs ne pour-

1. *L'Avenir de la Science*, p. 83.

raient subir cette épuration et devenir des exercices de piété où l'on ne songerait plus à la jouissance[1]. »

Personne n'est donc mauvais ; méchanceté est synonyme de manque de culture. « Il faut partir de ce principe que l'homme ne naît pas actuellement bon, pas plus qu'il ne naît savant, mais avec la puissance de devenir savant, qu'il ne s'agit que de développer les germes de vertu qui sont en lui, que l'homme ne se porte pas au mal par son propre choix, mais par besoin, par de fatales circonstances, et surtout faute de culture morale[2]. » La conclusion est donc : élever le peuple. Et la morale nous conduit ainsi à la politique.

II

La morale que nous venons d'exposer est celle de *l'Avenir de la Science*. Elle n'a jamais été répudiée par le penseur. Elle a trouvé les accents les plus beaux pour exprimer les plus nobles aspirations de l'homme ; on pourrait, en rapprochant

1. *L'Avenir de la Science*, p. 405.
2. *Ibid.*, p. 336.

des morceaux pris dans les différents ouvrages de
Renan, composer un éloquent manuel de stoï-
cisme. Mais d'avoir répandu un beau langage sur
de belles pensées n'est pas suffisant pour avoir
fondé une morale : or il est indéniable que toute
cette morale ne repose sur aucune critique de
notre constitution mentale. L'aspiration au bien
est constatée, mais en termes combien vagues !
Existe-t-il une nature rationnelle morale ou bien
n'y a-t-il que des phénomènes d'ordre sympa-
thique ? C'est là une question de fait et à laquelle
il ne peut être répondu que par une analyse pré-
cise. Où donc Renan l'a-t-il faite ? Il a bien
discuté l'idée de règle et d'obéissance. Mais comme
il est visible que l'obéissance dont il s'agit n'a
rien de commun avec le respect, que la loi devant
laquelle il refuse de s'incliner lui paraît être une
loi extérieure ! Il n'a rien aperçu de l'autonomie
véritable qu'il y a dans la reconnaissance d'un
impératif qui est constitutif de notre nature et
dans l'obéissance à ce qui est notre propre raison.

Une conséquence de ce fait est que cette morale
doit devenir de plus en plus fuyante et contradictoire. Comparez le ton des premiers écrits de
Renan et celui de ses derniers. En 1849, le phi-

losophe rencontre un livre dû à une bizarre inspiration : un recueil de chansons de Béranger
composé à l'usage des familles ; il fut curieux de
voir comment on avait réconcilié le chantre de
Lisette avec la religion et la morale : « La naïveté
toute bourgeoise, de cette théologie d'un genre
nouveau, cette façon de s'incliner le verre en main
devant le Dieu que je cherchais avec tremblement,
furent pour moi un trait de lumière. A l'indigna-
tion que me causa l'idée d'une confraternité religieuse avec ceux qui adorent de la sorte se mêla
le sentiment de ce qu'il y a de fatalement limité
dans les manières de voir et de sentir de la
France [1]. » En 1888, il tient un tout autre langage ;
il félicite les membres de l'Alliance française du
soin qu'elle met à propager notre langue, et voici
une des raisons pour lesquelles il lui souhaite bon
succès : « Le français et le vin de France ont un
rôle humanitaire à jouer. Le français réjouit ; ses
locutions favorites impliquent un sentiment gai de
la vie, l'idée qu'au fond rien n'est bien sérieux et
qu'on entre dans les intentions de l'Éternel par un
peu d'ironie... J'ai médit autrefois du dieu des

1. *Questions contemporaines*, p. 467.

bonnes gens ; mon Dieu! que j'avais tort! C'est un dieu qui n'est pas méchant et qui n'a jamais fait de mal. Qui donc a dit que Dieu prenait plus de plaisir aux jurons du soldat français qu'aux prières d'un ministre de telle ou telle secte puritaine [1] ? »

Ce n'est point là une boutade lancée en passant, pas plus que l'article sur la théologie de Béranger ne lui avait échappé en un jour d'extraordinaire austérité. Ouvrons les *Essais de critique et de morale* : « Une pensée que je mets fort au-dessus des opinions et des hypothèses, c'est que la morale est la chose sérieuse et vraie par excellence et, qu'elle suffit pour donner à la vie un sens et un but [2]. » Franchissons vingt-cinq ans : « Amiel se demande avec inquiétude : « Qu'est-ce qui sauve ? » Eh! mon Dieu! C'est ce qui donne à chacun son motif de vivre. Le moyen de salut n'est pas le même pour tous. Pour l'un, c'est la vertu ; pour l'autre, l'ardeur du vrai ; pour un autre, l'amour de l'art ; pour d'autres, la curiosité, les voyages, le luxe, les femmes ; au plus bas degré, la morphine et l'alcool. Les hommes vertueux

<hr>

1. *Feuilles détachées*, pp. 263-265.
2. *Essais de Morale et de Critique*, préface, pp. I, II.

R. ALLIER. 6

trouvent leur récompense dans la vertu même ;
ceux qui ne le sont pas ont le plaisir [1]. »

Reprenons les *Essais de morale et de critique*.
Renan a l'air de dire que l'ordre moral est le postulat de la vraie métaphysique : « Des voiles impé-
nétrables nous dérobent le secret de ce monde
étrange dont la réalité à la fois s'impose à nous et
nous accable ; la philosophie et la science poursui-
vront à jamais, sans jamais l'atteindre, la formule
de ce Protée qu'aucune raison ne limite, qu'aucun
langage n'exprime. Mais il est une base indubitable
que nul scepticisme n'ébranlera et où l'homme
trouvera jusqu'à la fin des jours le point fixe de
ses incertitudes : le bien, c'est le bien ; le mal,
c'est le mal. Pour haïr l'un et pour aimer l'autre,
aucun système n'est nécessaire, et c'est en ce sens
que la foi et l'amour, en apparence sans lien avec
l'intelligence, sont le vrai fondement de la certitude morale et l'unique moyen qu'a l'homme de
comprendre quelque chose au problème de son
origine et de sa destinée... Lorsque Kant porta
la critique à la racine même de l'intelligence humaine, résolu de ne s'arrêter que devant l'indubi-

1. *Feuilles détachées*, p. 382.

table, il ne trouva rien de bien clair que le devoir. En face de cette révélation souveraine, le doute ne lui fut plus possible. Sur l'unique base de la conscience morale, l'inflexible critique reconstruisit tout ce qu'il avait renversé d'abord : Dieu, la religion, la liberté.... lui apparurent en dehors du champ de la controverse, assis non sur des syllogismes, mais sur les besoins les plus invincibles de la nature humaine, et à l'abri de toute discussion. La belle et hardie volte-face du penseur allemand est l'histoire de tous ceux qui ont parcouru avec quelque énergie le cercle de la pensée[1]. » Dans son article sur Amiel, il n'a plus l'air de saisir la valeur de cette méthode ; en tout cas, il ne la prend pas au sérieux : « On veut être la lance qui frappe et guérit ; après avoir savamment coupé la racine des croyances morales et religieuses, on veut en apparaître comme le restaurateur.... Et à ce sujet, je ne peux m'empêcher de songer à notre penseur éminent M. Lachelier, l'inventeur du mouvement tournant philosophique le plus surprenant des temps modernes depuis Kant. Après avoir appliqué à toutes les opérations de l'esprit

1. *Essais de Morale et de Critique*, pp. II, IV, V.

d'ironie qui m'obsédait et que je mêlais aux meilleures choses. Je n'avais jamais souffert et je trouvais, dans le sourire discret provoqué par la faiblesse ou la vanité de l'homme, une certaine philosophie. Cette habitude la blessait, et je la lui sacrifiai peu à peu [1]. » Après la mort de sa sœur, le malin génie qu'elle avait tenu en respect et non pas exorcisé reprit peu à peu le terrain perdu. Ajoutons à tout cela l'habitude de la critique. Ce n'est pas en vain qu'on fait effort pour pénétrer tous les genres de vie, surtout ceux qu'on ne pratique pas. Le dilettantisme peut être pour l'historien une précieuse méthode de découverte et d'interprétation ; il est difficile qu'il ne devienne pas une attitude familière et un tic.

Mais ces causes extérieures ne sont rien auprès d'une idée que Renan n'a jamais abandonnée. La morale doit être le dernier mot de la théorie des choses ; elle doit être scientifiquement fondée sur la connaissance parfaite de l'univers [2]. Elle est donc subordonnée à la vraisemblance plus ou

1. *Henriette Renan* — Souvenir pour ceux qui l'ont connue. Paris, septembre 1862, tiré à cent exemplaires, broch. in-8°, p. 32.
2. On voit par là ce que vaut cette adhésion à la morale comme postulat de la métaphysique, que Renan affirme dans la préface des *Essais de Morale et de Critique.*

moins grande de cette théorie. Mais celle-ci n'est jamais qu'une hypothèse entre beaucoup d'autres; on ne peut lui reconnaître ce caractère sans éprouver un doute à l'égard de la morale qui semble en résulter. Quand Renan écrivait *l'Avenir de la Science*, il croyait que la science était destinée à résoudre un jour l'énigme des choses et il espérait que la croyance au devoir aurait tôt ou tard son fondement solide. Plus tard, il n'a plus cette foi dans la découverte du dernier mot des choses et par suite il n'attend plus l'établissement d'une morale ferme : « Une complète obscurité, providentielle peut-être, nous cache les fins morales de l'univers. Sur cette matière, on parie; on tire à la courte paille; en réalité on ne sait rien. Notre gageure à nous, c'est que l'inspiration intérieure qui nous fait affirmer le devoir est une sorte d'oracle, une voix infaillible, venant du dehors et correspondant à une réalité objective. Nous mettons notre noblesse en cette affirmation obstinée... Mais il y a presque autant de chances que tout le contraire soit vrai. Il se peut que ces voix intérieures proviennent d'illusions honnêtes, entretenues par l'habitude, et que le monde ne soit qu'une amusante féerie dont aucun dieu ne se soucie. Il faut donc nous arranger de manière que, dans les deux hypothèses, nous n'ayons pas eu complètement tort [1]. » Cette conclusion nous était connue. Prospero l'avait déjà développée devant ses disciples : « Vu l'incertitude où nous sommes de la destinée humaine, ce qu'il y a encore de plus sage, c'est de s'arranger pour que, dans toutes les hypothèses, on se trouve n'avoir pas été trop absurde. De la sorte nous ne serons pas des saints, mais non plus nous ne serons pas des dupes [2]. »

Renan a-t-il songé au pari de Pascal et a-t-il prétendu le corriger ? C'est possible, bien qu'il ne l'ait pas dit. Mais qu'il l'ait voulu ou non, c'est ce qu'il a fait. Parions, dit Pascal, pour la foi ou pour son contraire. Parions pour les deux, réplique Renan. La réponse est plaisante, mais satisfait-elle l'esprit ? Elle paraît d'abord conseiller une impossibilité. Je suppose que le monde soit une mauvaise plaisanterie, j'aurai beau sourire toute ma vie en pratiquant la vertu, je me priverai en fait de toutes les jouissances dont la vertu est exclusive. Mieux vaudrait affirmer l'ordre moral et prendre sur un monde mauvais la revanche du

1. *Feuilles détachées*, pp. 394-395.
2. *L'eau de Jouvence*, p. 60.

mépris. Je suppose que le monde obéisse à des lois morales, la pratique de la vertu aura beau être réelle ; accompagnée d'un sourire ou d'un demi-haussement d'épaules, elle est tout extérieure. Le consentement ironique au bien ne passera jamais pour la bonne volonté, pour la volonté morale. En pariant pour les deux partis, on n'a pas réponse à tout, on n'a réponse à rien.

Renan pourrait répondre qu'en réalité il ne se décide pas ; il ne parie pas pour les deux partis, il ne parie pour aucun : vous n'avez pas le droit de parier, dit-il à Pascal. Cette attitude-ci est-elle plus raisonnable ? Il ne le semble pas, et voici qui est piquant : il est absurde pour Pascal de parier et il l'est également pour Renan de ne point parier [1]. Le raisonnement de l'auteur des *Pensées* est impeccable ; dès qu'on admet la nécessité du pari, ne point parier, c'est parier contre. Mais cette nécessité est-elle réelle ? Il ne le semble pas. Nous sommes, remarquons-le, dans l'hypothèse du scepticisme absolu. Pourquoi ne ferais-je pas dépendre mon salut de l'adoption ou du rejet de

____

1. On trouvera une argumentation semblable à celle-ci, mais beaucoup plus détaillée, dans un article de M. Renouvier : *Critique philosophique*, 1878, II, p. 101.

vêtements noirs? Pourquoi n'épiloguerais-je pas de même avec l'islamisme ou le bouddhisme? Si Pascal fait porter son pari sur le catholicisme, c'est qu'il est dominé par la présence imposante de cette religion; philosophiquement, le choix de l'objet du pari est arbitraire. Il n'en est pas de même dans le cas de Renan. Que celui-ci le veuille ou non, il y a où il n'y a pas un ordre moral du monde : la question de l'existence de cet ordre moral me vient de ma conscience elle-même, de ma raison pratique. A qui me dit de parier pour ou contre le catholicisme, je réponds que je ne veux pas parce qu'il pourrait me demander de parier pour ou contre n'importe quoi au même titre. C'est ma raison elle-même qui me fait repousser l'alternative. Cette même raison, au contraire, me présentant une alternative, je puis avoir la fantaisie de l'écarter, mais c'est une fantaisie contraire à la raison. Et non seulement l'alternative est inévitable, mais encore il est impossible de ne pas opter pour l'un des deux termes. Je suppose que le monde invisible existe et qu'il ait des rapports cachés mais réels avec le monde visible. Dans le cas où j'accepte la supposition et en tiens compte dans mon existence, je gagne. Dans le cas

où je nie, je perds. Dans le cas où je reste indif-
férent, je me conduis comme si j'avais nié, je
perds. On réplique : parier n'est pas croire ; faut-il
se contraindre à croire ? Faut-il revenir au : pra-
tiquez, cela vous abêtira ? — En aucune façon, car
nous ne sommes point placés dans l'hypothèse du
scepticisme absolu. Nous avons des motifs d'affirmer l'ordre moral ; ce qui nous manque, c'est
une démonstration positive. Si nous avions la certitude, la certitude que donnent des preuves proprement dites, nous n'aurions pas besoin de
parier ; mais si nous parions, ce n'est point que
nous manquions de motifs de croire. Et ces motifs
sont d'un ordre très élevé : ce sont les plus nobles
aspirations de notre être intime et les exigences
de la raison pratique. Quant à la conclusion, elle
n'est pas l'abêtissement, elle est la satisfaction de
nos plus pures passions et la pratique de la vie
morale. On objectera : n'est-il pourtant pas scan-
daleux de parier ? Nous répondrons qu'en effet il
n'y a pas à présenter cette façon de se décider.
Pratiquement, le pari n'existe qu'entre gens qui
n'ont pas de raisons sérieuses pour se déterminer
pour ou contre ; il ne s'agit dans l'ordre moral que
d'avoir de la bonne volonté, il ne s'agit que

d'écouter cet instinct que Renan reconnaît sans cesse. Mais il eût fallu analyser cet instinct, et l'auteur des *Dialogues philosophiques* ne l'a jamais essayé. Une morale qui ne repose pas sur une critique de l'impératif est digne d'une philosophie qui ne repose pas sur une critique de la connaissance.

CHAPITRE V

LA POLITIQUE

I

De toutes les analyses que nous avons traversées
résulte une conclusion chère à Renan : un homme
a d'autant plus de valeur qu'il manifeste plus l'esprit. Par suite, dit-il déjà en 1848, il y a des individus qui ne comptent presque pas, ce sont ceux
en qui sommeille à jamais l'aspiration confuse de
l'univers. « La mort d'un Français est un événement dans le monde moral ; celle d'un Cosaque
n'est guère qu'un fait physiologique... Et quant
à la mort d'un sauvage, ce n'est guère un fait
plus considérable dans l'ensemble des choses que
quand le ressort d'une montre se casse, et même
ce dernier fait peut avoir de plus graves consé-

quences, par cela seul que la montre en question fixe la pensée et excite l'activité d'hommes civilisés. Ce qui est déplorable, c'est qu'une portion de l'humanité soit à ce point dégradée qu'elle ne compte guère plus que l'animal, car tous les hommes sont appelés à une vie morale[1]. »

Malgré ce dernier mot, Renan dénie, dès cette époque, aux individus une valeur propre. Il voit dans la personne, non pas une fin en soi qu'il faut respecter, mais un moyen de poursuivre un but sacré. Si la chimie rendait l'acquisition de l'aliment si facile qu'il suffit presque d'étendre la main pour l'avoir, les trois quarts du genre humain se réfugieraient dans la paresse, c'est-à-dire dans la barbarie : « On pourrait employer le fouet pour les forcer à bâtir de grands monuments sociaux, des pyramides, etc. ; il serait permis d'être tyran pour manifester le triomphe de l'esprit[2]. » Renan est alors démocrate, mais il entend par démocratie une sorte d'universalisme politique : C'est pour tous que le gouvernement travaille. S'il y avait des hommes qui ont leur raison en eux-mêmes et d'autres qui, ayant leur raison hors d'eux-mêmes, ne sont bons

1. *L'Avenir de la Science*, p. 522.
2. *Ibid.*, p. 522.

qu'à exécuter les ordres des autres, ceux-ci seraient
naturellement esclaves ; leur révolte serait un
malheur et un crime. « Mais c'est ce point de vue
même qui est décevant : un progrès irrécusable a
banni cette aristocratique théorie et posé l'inviola-
bilité du droit des faibles de corps et d'esprit vis-
à-vis des forts. Tous les hommes portent en eux
les mêmes principes de moralité[1]. » L'intérêt parle,
d'ailleurs, comme la justice : « Il est impossible
d'aimer le peuple tel qu'il est, et il n'y a que les
méchants qui veuillent le conserver tel, pour le
faire jouer à leur guise. Mais qu'ils y prennent
garde : un jour la bête pourra bien se jeter sur
eux[2]. » La démocratie est donc l'idéal. Or elle ne
peut exister sans la culture. Le droit primordial
n'est donc pas la liberté : « On parle sans cesse de
liberté, de droit de réunion, de droit d'association.
Rien de mieux si les intelligences étaient dans l'état
normal ; mais jusque-là rien de plus frivole... La
liberté ne peut être que préjudiciable, quand ce
sont des insensés qui la réclament[3]. »

Cet universalisme n'est pas fondé sur le droit.

1. *L'Avenir de la Science*, p. 339.
2. *Ibid.*, pp. 339-340.
3. *Ibid.*, p. 335.

Aussi ne dure-t-il pas longtemps. Renan voit, en 1851, la foule acclamer le coup d'État et il ne le lui pardonne pas. Il subit en même temps l'action de l'art italien : « Ce voyage en Italie, qui dura huit mois, eut sur mon esprit la plus grande influence. Le côté de l'art, jusque-là presque fermé pour moi, m'apparut comme radieux et consolateur... Presque toutes mes illusions de 1848 tombèrent, comme impossibles. Je vis les fatales nécessités de la société humaine ; je me résignai à un état de la création où beaucoup de mal sert de condition à un peu de bien, où une imperceptible quantité d'arôme s'extrait d'un énorme *caput mortuum* de matière gâchée [1]. » Vers la même époque, il s'aperçoit que « la culture intensive, augmentant sans cesse le capital des connaissances de l'esprit humain, n'est pas la même chose que la culture extensive, répandant de plus en plus ces connaissances [2]. » L'universalisme démocratique n'aboutit donc pas nécessairement à une manifestation plus grande de l'esprit. Ainsi croit se justifier un sentiment aristocratique qui ne se trouve en conflit avec aucun principe arrêté.

1. *L'Avenir de la Science*, pp. ii-iii.
2. *Ibid.*, p. viii.

En 1851, Renan s'écrie dans un éloquent article sur dom Luigi Tosti : « Ce qui fut proclamé en 1789, ce fut l'avènement de l'humanité à la conscience, ce fut l'acte de majorité de l'esprit humain prenant possession de sa souveraineté [1]. » Huit ans après, il désavoue formellement les vues démocratiques de cette étude. « Je ne voyais pas encore le virus caché dans le système social créé par l'esprit français ; je n'avais point aperçu comment avec sa violence, son code fondé sur une conception toute matérialiste de la propriété, son dédain des droits personnels, sa façon de ne tenir compte que de l'individu, et de ne voir dans l'individu qu'un être viager et sans liens moraux, la Révolution renfermait un germe de ruine qui devait fort promptement amener le règne de la médiocrité et de la faiblesse, l'extinction de toute grande initiative, un bien-être apparent, mais dont les conditions se détruiront elles-mêmes [2]. »

1. *Essais de Morale et de Critique*, p. 215.

2. *Ibid.*, p. x. — On a attribué aux événements de 1871 une action énorme sur l'esprit de Renan. Cette action a été réelle. Elle nous a valu plus d'une page du livre de *L'Antéchrist* : l'historien a écrit le récit des derniers jours de Jérusalem sous l'obsession de ce qu'il a vu pendant les deux sièges de Paris. Elle explique ce qu'il y a souvent de brutal dans les rêves de théocratie scientifique que développent les *Dialogues*. Elle a sans doute rendu défi-

Ces lignes de 1859 condensent tous les reproches que Renan ne cessera d'adresser à la Révolution. Il affirme *a priori* les torts du mouvement de 89. « Les immortels principes » ne pouvaient point ne pas engendrer de funestes conséquences, car ils méconnaissent la primauté de l'esprit et rendent la société impossible en poussant à la rigueur les idées de justice distributive à l'égard des individus. Renan reviendra jusqu'à satiété sur cette idée : « La vie humaine deviendrait impossible, si l'homme ne se donnait le droit de subordonner l'animal à ses besoins ; elle ne serait guère plus possible, si l'on s'en tenait à cette conception abstraite qui fait envisager tous les hommes comme apportant en naissant un même droit à la fortune et aux rangs sociaux. Un tel état de choses, juste en apparence, serait la fin de toute vertu [1]. » Ayant renoncé, en morale, à l'impératif catégorique, le penseur rompt, en politique, avec l'idée du droit. La vertu, quand elle existe, se réduit à l'altruisme et la pratique du bien consiste à penser, à agir, à

nitifs, l'écroulement de quelques réminiscences démocratiques et celui de son idéalisme moral. Mais Renan n'a pas attendu la Commune pour rompre avec l'esprit de la Révolution.

1. *La Réforme intellectuelle et morale de la France*, p. 243.

souffrir au besoin pour les autres. Il faut donc admettre la diversité des dévouements et par suite
des destinées : il y a des hommes qui sont faits
pour l'exaltation des autres, tout au moins pour la
perfection de l'œuvre commune. Notre suprême
désir, si nous sommes raisonnables, c'est que
l'esprit soit ; il s'épanouit dans les grands hommes,
une conclusion est donc forcée : « La fin de l'humanité, c'est de produire les grands hommes [1]. »
Or l'observation montre que cette merveille de la
création n'apparaît qu'à certaines conditions :
« Un savant est le fruit de l'abnégation, du sérieux, des sacrifices de deux ou trois générations ;
il représente une immense économie de vie et de
force. Il faut un terreau d'où il sorte... L'essentiel
est moins de produire des masses éclairées, que
de produire de grands génies et un public capable
de les comprendre. Si l'ignorance des masses est
nécessaire pour cela, tant pis [2]. » La nature est
aristocratique ; la philosophie doit l'être comme
elle. La démocratie est en un mot l'antipode des
voies de Dieu, puisque le but poursuivi par le
monde, loin d'être l'aplanissement des sommets,

1. *Dialogues philosophiques*, p. 103.
2. *Ibid.*, p. 102.

doit être au contraire de créer des dieux, des êtres supérieurs, que le reste des êtres conscients adorera et servira, heureux de les servir : « Il est à craindre que la population qui aura reçu l'instruction primaire, pleine de sotte vanité, ne veuille pas contribuer à entretenir une culture supérieure à la sienne [1]. »

Renan juge donc la proclamation des droits contraire aux intérêts sacrés de l'esprit. « Mettez tous les individus sur le même rang, avec des droits égaux, sans lien de subordination à une œuvre commune ; vous avez égoïsme, médiocrité, isolement, sécheresse, impossibilité de vivre [2]. » Les droits positifs existent bien, si l'on veut ; mais ils sont déterminés par la fin de chaque individu et celle-ci l'est à son tour par la place sociale qu'occupe chacun et par le rôle qu'il joue. La vertu consiste à accepter sans murmure la situation qui nous est faite et, là, à nous sacrifier à l'ensemble ; le mal consiste en des protestations injustes : « Le démocrate traite de dupe le paysan d'ancien régime qui travaille pour ses nobles, les aime et jouit de la haute existence que d'autres mènent avec ses

1. *Dialogues philosophiques*, pp. 101-103.
2. *La Réforme intellectuelle et morale de la France*, p. 247.

sueurs... Dans l'état actuel de la société, les avantages qu'un homme a sur un autre sont devenus choses personnelles et exclusives : jouir du plaisir ou de la noblesse d'autrui paraît une extravagance, mais il n'en a pas toujours été ainsi. Quand Gubbio ou Assise voyait passer en cavalcade la noce de son jeune seigneur, nul n'était jaloux. Tous alors participaient de la vie de tous : le pauvre jouissait de la richesse du riche, le moine des joies du mondain, le mondain des prières du moine ; pour tous, il y avait l'art, la poésie, la religion. Les froides considérations de l'économiste sauront-elles remplacer tout cela [1] ? »

La civilisation consiste à faire émerger du terreau humain des fleurs exquises. Elle est donc l'œuvre d'une minorité, nobles et prêtres, qui l'ont imposée par ce que les démocrates appellent force et imposture ; la conserver est aussi une œuvre aristocratique. « Patrie, honneur, devoir, sont choses créées et maintenues par un tout petit nombre au sein d'une foule qui, abandonnée à elle-même, les laisse tomber... L'âme d'une na-

1. *La Réforme intellectuelle et morale de la France*, p. 246.

7.

tion ne se conserve pas sans un collège officielle-
ment chargé de la garder [1]. » Comment concevoir,
en France, la reconstitution d'une oligarchie et
son règne ? Tantôt Renan rêve devant l'histoire, il
se figure une de nos dynasties, il ne sait laquelle,
en possession de son autorité, les classes diri-
geantes de nouveau dignes de ce nom, la foule
disposée à acclamer ses chefs temporels et spi-
rituels. Tantôt il imagine les officiers de notre
armée territoriale devenant des hobereaux de village et fondant une noblesse nouvelle [2]. D'autres
fois il rejette les semelles de plomb qui le retiennent sur le sol de la réalité. Il se représente
l'élite des êtres intelligents, maîtresse des plus
importants secrets, dominant le monde et y faisant
régner par la terreur le plus de raison possible.
Ces oligarques auront à leur disposition des engins
qui, en dehors des mains savantes, seront de nulle
efficacité. Ils possèderont les pouvoirs que l'imagination populaire prêtait autrefois aux sorciers,
que les Hindous attribuaient aux brahmanes. Ils
rétabliront, à leur usage, « l'enfer, non pas un
enfer chimérique, de l'existence duquel on n'a pas

1. *La Réforme intellectuelle et morale de la France*, p. 67.
2. *Ibid.*, pp. 68, 76, 78.

de preuves, mais un enfer réel [1]. » Jeu d'imagination, évidemment. Mais ces amusements de philosophe sont instructifs ; ils révèlent un état d'âme et ils ne sont pas sans conséquences pratiques. On commencera par abandonner la multitude à ceux qui la maintiennent dans l'ignorance : « Ne vous mêlez pas de ce que nous enseignons, de ce que nous écrivons, dit Renan à l'Église, et nous ne vous disputerons pas le peuple ; ne nous contestez pas notre place à l'Université, à l'Académie, et nous vous abandonnerons sans partage l'école de campagne [2]. » On comprendra ensuite qu'il ne faut pas s'occuper outre mesure de la moralisation des humbles : « La vertu rigoureusement correcte est une aristocratie ; tout le monde n'y est pas également tenu. Il faut que les masses s'amusent [3]. » Prospero l'avait déjà dit [4] et Métius le répète : « Chacun n'est obligé que dans la mesure de lumière qui lui a été octroyée. Le noble seul est tenu à l'intelligence et à la vertu. Le peuple a le droit d'être immoral. Je dis plus : la garantie

1. Cf. *Dialogues philosophiques*, pp. 106-108.
2. *La Réforme intellectuelle et morale de la France*, p. 98.
3. *Feuilles détachées*, p. 383.
4. *L'eau de Jouvence*, pp. 57-58.

de notre liberté, c'est l'immoralité joyeuse du peuple. Il faut que le peuple s'amuse, chante, boive, danse ; pendant ce temps nous sommes libres [1]. »

II

La doctrine politique de Renan nous est apparue comme une pièce essentielle de son système. Mais n'avons-nous pas abusé de la logique ? Cette doctrine ne se justifie-t-elle pas directement, dans la pensée de son auteur, par l'observation des faits ?

Une de ses certitudes, nous l'avons vu, est que le monde poursuit un but mystérieux ; ce but, c'est l'épanouissement de l'esprit. Et voici les causes finales transportées dans la politique. Or vit-on jamais un principe plus confus, plus capable d'interprétations contradictoires ? Il ne suffit pas d'affirmer que la nature a des intentions secrètes ; encore faudrait-il précisément que ces intentions ne fussent pas secrètes et qu'on les connût pour chaque cas particulier ; obscures comme elles le

1. *Le prêtre de Némi*, p. 108.

sont, elles peuvent servir les prétentions les plus opposées. On conçoit Napoléon se prenant pour un homme providentiel; il est grisé par sa fortune et pendant un certain temps il peut vraiment penser que tout tourne autour de lui. Guillaume Ier invoquera les décrets divins qui ont ordonné la fondation de l'Empire; à l'heure de la victoire il incarne toutes les aspirations de l'Allemagne malheureuse. Le prêtre entend que tout se fasse à la gloire de Dieu; soit encore, mais il ne le veut que dans la mesure où il croit en son Dieu. Or que vaut la croyance de Renan en la finalité? Elle n'est point fondée sur une véritable démonstration; elle n'est qu'une vue esthétique qui résume une série d'impressions. Mais si ce n'est qu'une imagination poétique, peut-on en tirer une maxime de politique positive? Dans la mesure même où le penseur est convaincu qu'il ne sait rien de l'ordre réel des choses, il doit renoncer à déduire de son rêve des motifs de conduite. Renan le reconnaît, quand il s'agit de la moralité personnelle; il s'interdit de donner des conseils aux individus, il ne se pardonnerait pas de priver un seul individu d'une seule jouissance. On comprend cette discrétion, mais que ne s'en souvient-il en politique?

L'observation, répond Renan, nous montre des hommes qui sont faits pour servir et qui sont faits tels par la nature. « Le principe le plus nié par l'école démocratique est l'inégalité des races et la légitimité des droits que confère la supériorité de la race [1] » et Renan tient fort à ce principe. Examinons.

A quel signe reconnaîtrons-nous cette condamnation prononcée par la nature contre des milliers d'hommes? A leur incapacité de s'élever jusqu'à la distinction du bien et du mal, jusqu'à la vie morale proprement dite? Mais une observation attentive ne permet d'attribuer cette incapacité radicale à aucune race. Il n'y en a pas une seule qui ne puisse comprendre l'enseignement moral des missionnaires et y répondre. Chez celles qui nous paraissent au dernier échelon de l'humanité, la conscience atteint parfois une délicatesse surprenante [2]. Les Papous ne font point partie de l'aristocratie morale de notre espèce et Renan ne voit pas pourquoi ils seraient immortels. Les airs dédaigneux qu'il nous est loisible de prendre à leur

1. *Dialogues philosophiques*, p. 119.
2. On objectera que ce sont là des faits exceptionnels; est-ce que la délicatesse extrême est l'ordinaire chez nous?

égard ne les empêchent pas d'être en état, avant toute éducation, de réfléchir sur la nature bonne ou mauvaise de leurs actes et de se déterminer en conséquence [1]; il a suffi de s'occuper un peu d'eux et surtout de les défendre contre la pourriture d'importation pour distinguer en eux les plus évidentes aptitudes à la vie morale. — Est-ce l'incapacité intellectuelle qui distingue les peuplades créées pour le service des blancs ? Négligeons ce qui se passe aux Etats-Unis et qui est pourtant fort instructif. La république de Libéria a des écoles normales dont les professeurs nègres feraient parfois bonne figure chez nous; l'un d'eux, le docteur Blyden, écrit des livres dont la *Revue des Deux-Mondes* ne dédaigne pas de s'occuper [2]. Un jeune esclave, délivré par un croiseur anglais et élevé à Sierra-Leone, est devenu le célèbre

1. En 1887, un dimanche de septembre, le missionnaire Woelders voyait entrer dans l'église d'Andaï, au pied du massif de l'Arfak (Papouasie), une trentaine de sauvages tout armés. Il prêchait sur le Bon Samaritain. Les trente étrangers avaient quitté l'île de Wariap pour une expédition de brigandage ; un vent contraire les avait forcés d'aborder à Andaï. Le son de la cloche les avait attirés au culte. Le soir, ils veillèrent jusque vers minuit, autour d'un feu, sur la plage, et on apprit plus tard que l'échange de leurs impressions avait abouti à les faire rentrer chez eux le lendemain, en se promettant de ne plus faire de razzias.

2. *Revue des Deux-Mondes*, 1887, t. VI, p. 201.

évêque anglican Crowther, dont les thèses firent
du bruit à Cambridge, dont lord Palmerston goû-
tait extraordinairement la conversation, qui pendant vingt-cinq ans a administré les missions du
Niger, qui a écrit avec une précision vraiment
scientifique le dictionnaire et la grammaire de
sa langue et des langues voisines. Chez les Ca-
fres, un indigène, John Knox Bokwé, a entrepris l'histoire de son peuple, est un publiciste de
grand talent, et il est à la tête d'un mouvemen
destiné à donner au christianisme de son pays une
originalité cafre. Les Mosquitos ont toujours passé
pour d'assez tristes échantillons de l'humanité ; les
voici pourtant à la veille d'organiser le pastorat
indigène ; et le pastorat dont il s'agit n'est pas un
ministère ritualiste, il implique la direction des
écoles, la charge de la prédication et de la cure
d'âme, de graves responsabilités financières. Quels
faits, contredisant ceux-ci, Renan a-t-il jamais in-
voqués à l'appui de sa thèse ?

En admettant qu'une psychologie scientifique
permette d'assigner à chaque peuple un rôle particulier dans l'œuvre de la civilisation, en quoi la
diversité des tâches entraînerait-elle l'inégalité
des droits ? Les deux sexes n'ont pas la même mis-

sion à remplir ; on n'oserait pas soutenir qu'en conséquence de la diversité des fonctions, l'un doit être réduit en esclavage et l'autre investi d'une autorité qui n'aurait d'autre limite que la bienveillance et la pitié. Et puis, y a-t-il entre les peuples des différences analogues à celles qui distinguent l'homme et la femme ? Nous savons ce qui constitue le sexe et nous ne sommes pas étonnés qu'il ait son retentissement profond dans la vie intellectuelle et morale de l'individu. Qu'est-ce qui constitue une nation ? Ceci est moins clair et Renan a varié sur ce point.

Au début il a paru croire à une prédestination en quelque sorte physiologique de la race. Mais il a vite vu que cette explication ne résiste pas à l'histoire. Dans sa *nouvelle lettre à M. Strauss*, il commence à se dégager de cette sorte de matérialisme, tout en en maintenant certaines affirmations. L'idée nouvelle qu'il introduit, c'est que cette inégalité ne se montre pas entre les nations européennes : « elles sont les pairs d'un grand sénat où chaque membre est inviolable ». La raison de ce fait n'est pas une communauté de sang : « L'Europe est une confédération d'États réunis par l'idée commune de civilisation. » La race est

donc un facteur, mais non le seul, des nations :
« L'individualité de chaque nation est constituée
sans doute par la race, la langue, l'histoire, la
religion, mais aussi par quelque chose de beaucoup plus tangible, par le consentement actuel,
par la volonté qu'ont les différentes provinces d'un
État de vivre ensemble [1]. »

C'est l'examen des faits, et non pas un intérêt
patriotique, qui a contraint Renan à modifier ses
idées sur ce problème. A l'origine de ses études
sur les Sémites, il avait attribué leur monothéisme
à l'influence de la race, mais il a été conduit peu à
peu à ne pas voir dans la race un simple effet du
sang : «La race sans les institutions est peu de
chose... De toutes les institutions, la plus vivace,
c'est la langue. La langue se substitua ainsi
presque partout à la race dans la division des
groupes de l'humanité, ou plutôt le mot race changea de sens. La langue, la religion, les lois, les
mœurs firent la race bien plus que le sang. [2] »
Enfin dans sa conférence *Qu'est-ce qu'une nation ?*
Renan revient sur cette question et l'épuise. Le
fait de la race, dit-il, a eu une importance de pre-

1. *La Réforme intellectuelle et morale de la France*, p. 197.
2. *Histoire d'Israël*, tome I, préface, p. III.

mier ordre, quand la tribu et la cité n'étaient qu'une extension de la famille. Mais tous les groupes ont été brisés et mélangés par l'histoire. La considération ethnographique n'a été pour rien dans la constitution des nations modernes : voyez l'Allemagne, la France, l'Italie. Il n'y a même plus de race pure ; et faire reposer la politique sur l'analyse ethnographique, c'est la faire porter sur une chimère. Enfin, le mot race n'a pas lui-même un sens fixe : « Pour les anthropologistes, la race a le même sens qu'en zoologie ; elle indique une descendance réelle, une parenté par le sang. Or, l'étude des langues et de l'histoire ne conduit pas aux mêmes divisions que la physiologie. Les mots de brachycéphales, de dolichocéphales, n'ont pas de place en histoire ni en philologie... Les groupes aryen primitif, sémitique primitif, touranien primitif, n'avaient aucune unité physiologique. Ces groupements sont des faits historiques qui ont eu lieu à une certaine époque, mettons il y a quinze ou vingt mille ans, tandis que l'origine zoologique de l'humanité se perd dans des ténèbres incalculables [1]. »

---

1. *Discours et conférences*, pp. 277-319.

Mais cette théorie, si vraie et si profonde, ne ruine-t-elle pas la doctrine aristocratique ? Pouvons-nous affirmer, maintenant, qu'il y a des races faites pour servir ? Oui, si nous nous contentons de jeter un regard sur la surface des choses. Non, si nous nous approprions, pour en tirer les conséquences, la formule si exacte de Renan : « La race est quelque chose qui se fait et se défait [1]. »

1. Transportons-nous, par exemple, sur la côte occidentale d'Afrique entre le 2° de latitude nord et le 6° de latitude sud. Les populations de la Gabonie, les Mpongoué, les Mbenga, les ba-Kalé, sont dans un état lamentable de misère et d'immoralité ; entre l'Ogoué et le Gabon, les Galoas, de même race que les Mpongoué, leur sont déjà sensiblement supérieurs ; entre Loango et la Gabonie, les ba-Vili et les ba-Loumbo sont aussi dans une situation moins triste et vivent timides et contents ; les ba-Youmbé et les ba-Fyot de la région portugaise de Kabinda commencent à comprendre la valeur du travail régulier et intelligent ; enfin les Fan ou Pahouins qui, venant du Nord-Est, envahissent peu à peu la Gabonie et le Congo français, sont énergiques, fiers, très sauvages, mais aussi très capables d'inspirer confiance en leur avenir prochain. Faut-il dire que, parmi ces hommes, les uns sont d'une race née pour la liberté, les autres d'une race qui peut à la rigueur être éduquée, les autres enfin d'une race indigne et qui ne saurait fournir que des esclaves ? — La vérité est que, si les Pahouins conquièrent vite la sympathie par l'indépendance farouche de leur caractère, les autres peuplades de la région sont les victimes d'événements historiques et n'étaient nullement destinées par la nature à devenir ce qu'elles sont. Débris de peuples décimés par les négriers, elles ont été corrompues jusqu'à la moelle, non par leurs instincts pervers, mais par l'influence délétère des civilisés ; les Galoas ne doivent leur supériorité sur leurs cousins, les Mpongoué, qu'à un contact moins direct avec les Euro-

Est-ce à dire que la doctrine aristocratique soit ruinée par des constatations de ce genre ? Établir que tous les hommes peuvent arriver à la vie de l'esprit ne suffit pas pour réfuter les prétentions d'une sorte de théocratie scientifique et altruiste. Les théoriciens de celle-ci n'hésiteront pas à condamner les matérialistes féroces qui exploitent les races dites inférieures et qui les canonnent pour leur inspirer le respect ; mais ils n'hésiteront pas non plus à opprimer ces mêmes races pour le bon motif, non pour les abrutir, mais pour faire éclore en elles l'esprit qui sommeille. Cette oppression serait sans doute pénétrée de douceur et de charité ; on pourrait l'appeler un office de tutelle organisé au profit d'un mineur. Mais au point de vue du droit, l'oppression est toujours l'oppression, qu'elle soit aimante ou brutale, qu'elle s'exerce au nom d'une loi d'histoire naturelle comme la con-

péens ; les ba-Youmbé et les ba-Fyot commencent à se relever parce qu'on les a traités en hommes avant que leur misère physiologique ne fût extrême ; les ba-Vili et les ba-Loumbo ne sont pas tombés plus bas, parce que la houle rend la côte inabordable et qu'ils sont à l'abri des étrangers, enfin les misérables clans de la Gabonie ne sont condamnés à disparaître que par le crime des Européens qui les ont pourris de vices. Rien n'indique que, placées dans d'autres conditions, toutes ces populations n'auraient pu parvenir à une existence normale.

currence vitale ou au nom d'un Grand-Être quelconque, Dieu ou Humanité. Or d'une discussion,
si brève qu'elle soit, de l'idée du droit, on ne
trouve pas trace dans la philosophie sociale de
Renan.

III

Au fond, Renan se soucie assez peu de la destinée des Nègres et des Papous. Ce sont les pays
civilisés, et particulièrement la France, qui le
préoccupent. Au sortir de l'année terrible, la
France « pouvait adopter un système de réformes
austères, tendant à donner à tous les services de
la force et de la vigueur, sacrifiant dans une large
mesure l'individu à l'État, fortifiant l'État et admettant son action dans tous les ordres : comme
condition de ces réformes, un gouvernement plus
sérieux que brillant, un parlement réduit au rôle
de conseiller intime, une monarchie ayant son
droit en dehors de la volonté de la nation ; comme
conséquence, l'inégalité sociale, une telle organi-
sation supposant des classes en apparence privi-
légiées, en réalité mises à part pour le service de

la nation. » Mais la France n'a pas voulu et c'est un malheur. La seule chose qui nous en doive consoler, « c'est qu'il est probable que tous les pays viendront à leur tour à l'état où nous sommes [1] ».

Nous voici encore en présence du dogme de l'inégalité. Renan prétend ici le fonder sur deux vérités d'expérience : « Des générations laborieuses d'hommes du peuple et de paysans font l'existence du bourgeois honnête et économe, lequel fait à son tour le noble, l'homme dispensé du travail matériel, voué tout entier aux choses désintéressées [2]. » — « De la masse ne peut émerger assez de raison pour gouverner et réformer un peuple. Il faut que la réforme et l'éducation viennent d'une force n'ayant d'autre intérêt que celle de la nation, mais distincte de la nation et indépendante d'elle [3]. »

Quelle est la noblesse que réclame Renan? Il raille comme ridicule l'opinion qui l'attache à la particule *de*, et c'est parce qu'elle n'a plus une signification de race. A une aristocratie frelatée et douteuse, il voudrait en substituer une nouvelle. Et

1. *Mélanges d'histoire et de voyages*, préface, p. VI, VII, XI.
2. *La Réforme intellectuelle et morale de la France*, p. 245.
3. *Ibid.*, p. 66.

qu'elle ne se suffit pas à elle-même et que, par la seule action de l'hérédité, elle serait vite condamnée à un abâtardissement progressif et mortel. Il faut choisir entre les deux principes.

Renan accuse volontiers ses adversaires de fausser les faits, de proclamer, par exemple, l'égalité des intelligences. Mais en quoi une telle absurdité est-elle solidaire des principes de 89? Eh! oui, il y aura toujours des différences d'aptitudes. Mais en conférant à tous les individus des droits égaux, on permet justement aux esprits supérieurs de prouver leur supériorité. Pourquoi insinuer que la démocratie, qui tient à ce que l'instruction soit égale pour tous, entend par là qu'elle ne doit dépasser pour personne une certaine limite? Quelle démocratie a jamais marqué pareille préoccupation? Renan avance que ce nivellement se fait de lui-même et que la couche d'eau, en se répandant sur un espace plus grand, s'amincit. Comparaison n'est pas raison. Quel que soit le nombre des copartageants, la science ne diminue pas. L'extrême ignorance se faisant plus rare, il y a beaucoup d'individus qui en sont à un même point de demi-culture. Mais le nombre des savants d'élite n'est-il pas plus considérable que sous les régimes aristocratiques du passé?

Renan voit les faits d'étrange façon : « La France telle que l'a faite le suffrage universel est devenue profondément matérialiste ; les nobles soucis de la France d'autrefois, le patriotisme, l'enthousiasme du beau, l'amour de la gloire ont disparu avec les classes nobles qui représentaient l'âme de la France [1]. » En fait, le patriotisme est si peu mort dans notre démocratie qu'il risque sans cesse de se déchaîner en accès de chauvinisme, il y est si pointilleux qu'il rend impossible la discussion calme de certains problèmes de politique étrangère. Et d'autre part il n'y a pas de sacrifices que nos municipalités les plus avancées ne s'imposent dans l'intérêt des fondations scientifiques. Les portions de vérité qui se trouvent dans les assertions de Renan s'expliquent d'ailleurs aisément : c'est que l'on ne s'est peut-être pas assez préoccupé chez nous d'élever moralement les masses auxquelles l'on conférait le pouvoir. Mais c'est là un défaut accidentel ; et reconnaître ce défaut, c'est apercevoir l'obligation d'y remédier, non de jeter à bas la démocratie.

1. *La Réforme intellectuelle et morale de la France*, p. 18.

Admettons à la rigueur que la foule ne comprenne pas toujours la nécessité du haut enseignement. C'est le mal qui frappe le plus Renan. Il ne serait pas grand, s'il avait pour conséquence de nous faire sentir le devoir de faire participer les multitudes aux bienfaits de la culture supérieure. L'*extension de l'Université* est la tâche sacrée de l'heure présente ; elle aura chez nous les résultats qu'elle a déjà dans les pays anglo-saxons. « La présence des missionnaires de Cambridge au milieu des ouvriers, écrit un mineur, les soulève dans une sphère supérieure. Du même coup, Cambridge et tout ce qui lui appartient devient intéressant, et la classe dont le mission-naire fait partie est regardée tout entière avec des sentiments de bienveillance [1]. » Pourquoi notre peuple ne donnerait-il pas sa sympathie à la jeunesse lettrée et savante qui viendrait vers lui les mains tendues ? Nos socialistes, dit-on, se soucient fort peu du passé de la France. Que l'on commence par le leur révéler. Mais pour cela il est nécessaire de ne point s'enfermer en des tours d'ivoire; de ne point prêcher le dédain et l'indifférence à ceux

1. Max Leclerc, *Le Rôle social des Universités*, p. 55.

qu'il faudrait au contraire enthousiasmer. Notre démocratie en serait-elle où elle en est, si, au lieu de chantonner toujours les mêmes airs moqueurs ou décourageants, Renan, avec la magie de son éloquence, avait convié notre jeunesse au grand œuvre de l'éducation nationale et du rapprochement social ?

Pour attendre quelque bien du régime qui fait notre malheur, répondrait Renan, il nous faut méconnaître sur quels sentiments il repose : « l'égoïsme, source du socialisme, la jalousie, source de la démocratie [1]. » L'observation ne montre guère que le socialisme né soit dû qu'au désir de jouissances personnelles ; il a de la peine à se réduire à n'être, comme d'aucuns le voudraient, que la question du ventre. Quand il prend le peuple en dehors des heures de souffrances matérielles, c'est par ses hautes aspirations, par son idéalisme. Il est possible que la démocratie n'aille pas sans jalousie ; mais quel régime en est indemne ? La jalousie est, d'après Renan, la raison même de la démocratie : les démocrates sont des matérialistes qui ne reconnaissent à la société

____

1. *La Réforme intellectuelle et morale de la France*, p. 49.

8.

qu'un but, « c'est que les individus qui la composent jouissent de la plus grande somme possible de bien-être, sans souci de la destinée idéale de l'humanité. Que parle-t-on d'ennoblir la conscience humaine ? Il s'agit seulement de contenter le grand nombre, d'assurer à tous une sorte de bonheur vulgaire [1]. » Renan l'avait déjà dit dans *Caliban :* « La révolution, c'est le réalisme... Tout ce qui est idéal, non substantiel, n'existe pas pour le peuple... Le peuple est positiviste [2]. » — Encore une fois les faits ne paraissent-ils pas raconter le contraire ? N'a-t-on pas toujours reproché à la démocratie française d'avoir vécu et souffert à la poursuite de chimères ? — Et nous sommes acculés à cette constatation : Renan n'a pas tiré sa théorie aristrocratique de l'observation de la réalité. Il a vu la réalité à travers sa théorie. Toutes ses affirmations sont déduites d'une définition posée comme prémisse : La démocratie, c'est la coexistence des appétits ou, si l'on veut, la juxtaposition d'individus à qui l'on confère le droit de prétendre à tout.

1. *La Réforme intellectuelle et morale de la France*, p. 241.
2. *Caliban*, p. 78.

IV

Il nous faut donc revenir à la philosophie morale
de Renan. Comme tous les adversaires de la déclaration de 89, il nie la nature rationnelle et morale
de l'homme, il ramène le devoir à l'altruisme, et
il est évident dès lors que la revendication des
droits doit être pour lui la négation du sacrifice,
un acte d'égoïsme. Le devoir, par conséquent, ne
peut exister que lorsque les inégalités permettent
aux hommes de se dévouer les uns aux autres [1].
La politique n'est que le prolongement de la morale. La valeur essentielle de la personne échappe
forcément à quiconque méconnaît l'impératif de la
conscience. L'individu sujet de la loi morale est
une fin en soi, il ne peut servir d'instrument pour
des fins étrangères, il ne peut être un organe su-

---

1. Il est impossible, en écoutant Renan, de ne pas entendre
dans sa mémoire un écho de l'enseignement de l'École. Les inégalités sociales ont été trop souvent présentées par les docteurs
comme la condition des vertus chrétiennes. Saint Thomas nous
apprend que l'existence des pauvres assure la pratique de la bien-
faisance et que sans les damnés Dieu n'aurait pas l'occasion de
manifester sa justice et qu'il manquerait quelque chose au bonheur des élus.

bordonné, une partie d'un tout dont on pourrait exiger le renoncement passif, un moyen pour une œuvre générale où il s'engloutit. Il serait vraiment étrange qu'après avoir nié les prémisses, Renan eût affirmé les conséquences. Il a eu seulement le tort de ne pas voir qu'une négation obstinée, même en termes amusants, des unes et des autres, ne tient pas lieu d'une réfutation philosophique.

L'esthétique devait donc devenir le principe de la politique aussi bien que de la morale. Après quelques velléités démocratiques, le philosophe en vient à donner ses préférences, non pas aux peuples qui assurent le mieux la dignité de la nature humaine, la liberté, le respect du droit, mais à ceux dont la vie nationale a le caractère le plus pittoresque. Il donne la palme à l'Italie sur l'Angleterre, et l'Italie qu'il aime, ce n'est pas celle dont il a pu saluer vers le milieu du siècle les élans vers l'indépendance et les espérances viriles, c'est l'Italie des lazzaroni et des capucins, magnifique mendiante, étalant au soleil ses haillons arrangés avec grâce, tantôt débitant ses *oremus* devant le *bambino* ou la madone, tantôt dansant sa tarentelle effrénée : « Le moindre inconvénient du monde de Channing serait qu'on y mourrait d'ennui : le génie y serait inutile, le grand art impossible [1]. » Toujours la même affirmation : il est vain d'établir une hiérarchie entre les trois ordres de grandeur dont parle Pascal. Mais où donc en est la démonstration ? Il y a finalement quelque impertinence à infliger à la conscience, sans trêve et sans argument, le même démenti. Il n'y a pas d'illogisme, en revanche, à se faire l'apôtre de l'inégalité : elle est la condition du plaisir esthétique de la contemplation. « Ce que nous croyons mauvais est souvent utile ou nécessaire » ; il sert en tout cas à introduire dans les choses le pittoresque : « pour moi, je m'irriterais d'un monde où tous mèneraient la même vie que moi [2]. » Le penseur a le lot des plus subtiles jouissances : « Spectateur dans l'univers, il sait que le monde ne lui appartient que comme sujet d'étude, et, lors même qu'il pourrait le réformer, peut-être le trouverait-il si curieux tel qu'il est, qu'il n'en aurait pas le courage [3]. » Et la

1. *Études d'histoire religieuse*, p. 393.
2. *La Réforme intellectuelle et morale de la France*, p. 205.
3. *Études d'histoire religieuse*, préface, p. XXI. — Il est remarquable que la fin, si souvent citée, de cette phrase (et lors même qu'il pourrait, etc...) ne se trouve que dans la première édition des *Études d'histoire religieuse* ; dès la deuxième, elle est remplacée par ceci : « Et que le rôle de réformateur suppose en ceux qui se le donnent des qualités et des défauts qu'il n'a pas. » A

volupté de cette contemplation est telle que Renan n'hésite pas à en gratifier Dieu, s'il existe : « Cet univers est un spectacle qu'un Dieu se donne à lui-même. Servons les intentions du grand Chorège en contribuant à rendre le spectacle aussi brillant, aussi varié que possible [1]. »

quoi faut-il attribuer la correction? Aux protestations qui accueillirent cette déclaration d'égoïsme spéculatif? A l'influence d'Henriette Renan qui ne supportait pas ces notes discordantes? Quoi qu'il en soit, l'incident est instructif; il prouve combien, dès cette époque (1857), le malin génie de l'ironie possède Renan : il n'est tenu en échec que par le goût de l'artiste. Un jour il triomphera de ce dernier obstacle et la phrase effacée en 1857 deviendra le thème obsédant de développements peu renouvelés.

1. « Chose curieuse, toute cette théologie esthétique de l'inégalité n'est qu'une transposition en langage enjoué de l'optimisme de l'École. Saint Thomas nous avait appris, par l'intermédiaire de Leibnitz, que la perfection de ce qui est ne saurait être celle de son créateur, qu'elle ne saurait exister dans les détails, mais seulement dans l'ensemble, que la moins infidèle image de Dieu est un monde dans lequel tous les degrés de bien seront réalisés dans une chaîne continue, que dans un tel monde chaque être est nécessairement mauvais pour autant qu'il est limité, mais qu'en un autre sens il est bon par ce qu'il contient de positif et dans la mesure où il contribue à la perfection de l'ensemble. » Renan ne nous dit pas autre chose : « L'égalité ne sera de droit que quand tous pourront être parfaits *dans leur mesure*... L'humanité n'existerait pas comme unité, si elle était formée d'unités parfaitement égales et sans rapports de subordination entre elles. L'unité n'existe qu'à la condition que des fonctions diverses concourent à une même fin ; elle suppose la hiérarchie des parties. Mais chaque partie est parfaite quand elle est tout ce qu'elle peut être, et qu'elle fait excellemment tout ce qu'elle doit faire. Chaque individu ne sera jamais parfait, mais l'humanité sera parfaite et tous participeront à sa perfection. » (*L'Avenir de la Science*, p. 387.)

On ne s'étonne plus qu'interprétant les principes de 89, Renan en ait donné une caricature involontaire. Ils ne postulent le bonheur et la jouissance pour personne; ils proclament la dignité morale de tous, et il y a entre ces deux thèses plus qu'une nuance. Par suite ils ne justifient point tous les désirs personnels et le droit de l'individu n'est pas un principe nécessaire d'égoïsme et d'antagonisme. La liberté, telle que la théorie démocratique la comprend, ne consiste pas dans l'anarchie des volontés et dans le conflit des caprices; elle n'est pas séparable de l'ordre. La liberté, c'est l'ordre par l'annihilation des grandes et des petites tyrannies; l'ordre, c'est la coexistence des libertés sous la protection de lois qui garantissent à chacun l'exercice de son droit. L'enseignement des droits aboutit, d'ailleurs, nécessairement à celui des devoirs. Comment inculquer à un homme l'obligation de respecter la croyance, l'opinion et la conduite de ses semblables? Si l'on veut que cette obligation soit autre chose que l'habitude d'une tolérance indifférente ou dédaigneuse, il faut qu'elle soit mise en une étroite connexion avec le droit d'autrui. Enfin parler de mon devoir de respecter la liberté et la dignité de mon voisin, n'est-ce point parler de mon propre droit au respect? La politique juridique n'est donc pas fatalement une cause d'anarchie; jusqu'à preuve du contraire elle sera le principe de l'harmonie sociale que la conscience exige. N'y a-t-il aucune vertu à se pénétrer des sentiments que cette politique impose et à les répandre autour de soi? Que des individus humains n'y parviennent pas en un jour, il serait puéril de s'en indigner; qu'en s'y efforçant ils se donnent un idéal mesquin, il vaudrait la peine de l'établir.

Certes, il y a des heures où le démocrate le plus fervent aura de la peine à demeurer convaincu que telle créature dégradée est encore sacrée et qu'elle a une valeur infinie, et il sent le mépris monter au cœur et aux lèvres. Et il ne suffit pas dans la pratique de croire à la dignité de tout être humain, il faut encore, sous peine de découragement et d'abdication, croire qu'il peut arriver lui-même au sentiment de sa dignité, que ce relèvement est possible pour le dernier des alcooliques et pour la dernière des prostituées. L'on est autorisé à chercher si ce phénomène extraordinaire d'une résurrection morale ne se produit jamais et nulle part; et si l'on le constate quelque part, on a le droit et le devoir de se demander dans quelles conditions il s'est produit... Mais nous avons vu que Renan a méconnu toutes les analyses qui servent de prolégomènes à la politique des droits et nous allons voir qu'à ses yeux la religion n'a aucun rapport avec la morale.

CHAPITRE VI

LA RELIGION

I

Renan a voulu faire une œuvre religieuse. A chaque moment de sa carrière scientifique, il a affirmé qu'il s'est efforcé de servir les intérêts de la vraie religion. « Loin que j'aie jamais songé à diminuer en ce monde la somme de religion qui y reste encore, déclare-t-il en 1859, mon but, en tous mes écrits, a été, bien au contraire, d'épurer et de ranimer un sentiment qui n'a quelque chance de conserver son empire qu'en prenant un nouveau degré de raffinement [1]. » De même, en 1887, après toutes les escapades de sa pensée, il se rend

---

1. *Essais de Morale et de Critique*, p. II.

encore le même témoignage : « C'est la certitude
d'avoir servi à ma manière, malgré toutes sortes
de défectuosités, cette cause excellente, qui m'ins-
pire, dans la bonté divine une confiance absolue.
C'est la conviction que ce livre sera utile au progrès religieux qui me l'a fait aimer [1]. »

La philosophie de Renan ne condamne-t-elle
donc pas la religion à disparaître devant la
science ? Actuellement, il est vrai, la science et la
religion s'entendent mal. Mais un jour viendra où
elles se réconcilieront, où « la poésie, la religion,
la science, la morale retrouveront leur harmonie
dans la réflexion complète. L'âge primitif était
religieux, mais non scientifique ; l'âge intermédiaire aura été irréligieux, mais scientifique ; l'âge
ultérieur sera à la fois religieux et scientifique.
Alors il y aura de nouveau des Orphée et des
Trismégiste, non plus pour chanter, à des peuples
enfants leurs rêves ingénieux, mais pour enseigner
à l'humanité devenue sage les merveilles de la
réalité [2]. »

Qu'est-ce donc que ce phénomène auquel la pé-
rennité est promise ? Avant d'en donner le carac-

1. *Histoire d'Israël*, t. I, pp. xxviii-xxix.
2. *L'Avenir de la Science*, p. 308.

tère intrinsèque, remarquons d'abord qu'il est un fait universel et normal. « Ce qui est de l'humanité, ce qui par conséquent sera éternel comme elle, c'est le besoin religieux, la faculté religieuse [1]. » Il ne cesse de revenir sur cette affirmation qui lui tient évidemment au cœur : « Si, comme le voulaient les sophistes italiens du XVIe siècle, la religion avait été inventée par les simples et les faibles, comment les plus belles natures seraient-elles justement les plus religieuses ? Disons donc hardiment que la religion est un produit de l'homme normal, que l'homme est le plus dans le vrai quand il est le plus religieux et le plus assuré d'une destinée infinie [2]. » Et il n'hésite pas à déduire de ce fait une conséquence que les fanatiques de négation ont peine à lui pardonner : « Le jour où le sentiment religieux disparaîtra, un grand vide se produira dans l'âme humaine, et l'humanité descendra. »

Revenons à la question : Qu'est-ce que la religion ? Il faut, pour la comprendre, la distinguer expressément de ce qui n'est pas elle. D'aucuns voient en elle un ensemble de dogmes imposés et

1. *L'Avenir de la Science*, p. 483.
2. *Questions contemporaines*, p. 416.

de pratiques extérieures. « Alors, je l'avoue, je ne suis pas religieux ; mais je maintiens aussi que l'humanité ne l'est pas essentiellement et ne le sera pas toujours en ce sens [1]. » Ce qui est essentiel à l'humanité, ce qui ne saurait périr qu'avec elle, c'est le besoin auquel de grands ensembles de doctrines et de cérémonies ont correspondu jusqu'ici et qui, dans l'avenir, sera suffisamment satisfait par le culte des bonnes et belles choses. « Nous avons le droit de parler de religion, puisque nous avons l'analogue, sinon la chose même, puisque le besoin, qui autrefois était satisfait par les religions positives, l'est chez nous par quelque chose d'équivalent, qui peut à bon droit s'appeler du même nom. »

Cette dernière phrase est instructive. Elle introduit l'affirmation à côté de la négation. Le sentiment religieux peut se rattacher à certaines croyances et à certains rites, mais il n'en dépend pas. L'adhésion à ces croyances et l'observance de ces rites peuvent n'être nullement accompagnées du sentiment religieux ; celui-ci peut, par contre, se retrouver vivant là où ces affirmations et ces

1. *L'Avenir de la Science*, p. 483.

pratiques n'existent pas. Ce sentiment est celui qui porte l'homme à dépasser la nature, à la dominer en esprit ; il est analogue à celui que produit la contemplation du beau, il ne se distingue pas des voluptés de la science désintéressée.

A certains moments, Renan a donné une autre définition du sentiment dont il s'agit : « L'homme est religieux au moment où le sentiment de l'infini prend chez lui le dessus sur le caprice ou la passion [1]. » Prenons-y garde : il ne s'agit pas ici d'une puissance supérieure à nous, dont nous avons en quelque sorte le contact et dont nous nous sentons dépendants ; l'homme est en présence d'un mystère qu'il ne peut sonder ; plus il possède de connaissances et plus il sait combien il en possède peu ; et cette inquiétude date de l'éveil même de sa pensée : « L'homme allait inattentif. Tout à coup un silence se fait, comme un temps d'arrêt, une lacune de la sensation : « Oh ! Dieu, se dit-il alors, » que ma destinée est étrange ! Est-il bien vrai que » j'existe ? Qu'est-ce que le monde ? Ce soleil, » est-ce moi ? Rayonne-t-il de mon cœur ?... » O Père ! je te vois par delà les nuages [2] ! »

1. *Questions contemporaines*, p. 470.
2. *Dialogues philosophiques*, p. 39.

Ce sentiment est le frisson esthétique que l'homme, avec plus ou moins de naïveté, éprouve devant le mystère des choses. Il n'a rien de spécifiquement moral.

Rien ne montre bien à quel point de vue se place Renan comme son jugement sur Feuerbach. On sait que Feuerbach a professé l'athéisme le plus cynique et qu'il a poursuivi des plus grossiers outrages, non seulement le christianisme, mais la religion en général ; il a persiflé comme une folie l'idée d'adorer un autre Dieu que l'homme et il n'a épargné ses sarcasmes à aucun des grands souvenirs de l'Eglise chrétienne. Renan lui répond, et ce qu'il trouve de mieux à dire en faveur de l'Évangile, c'est que celui-ci a son genre de beauté : « Partout où il y a originalité, expansion vraie de quelques instincts de la nature humaine, il faut reconnaître et adorer la beauté. Plût à Dieu que M. Feuerbach se fût plongé à des sources plus riches de vie que celles de son germanisme exclusif et hautain ! Ah ! si, assis sur les ruines du mont Palatin ou du mont Cœlius, il eût entendu le son des cloches éternelles se prolonger à jamais sur les collines désertes où Rome fut autrefois ; où si, de la plage solitaire du Lido, il eût entendu le carillon de Saint-Marc expirer sur les lagunes ; s'il eût vu Assise et ses mystiques merveilles, et la grande légende du second Christ du moyen âge, tracée par le pinceau de Cimabue et de Giotto ; non, M. Feuerbach ne jetterait pas ainsi l'opprobre à une moitié de la poésie humaine, et ne s'exclamerait pas comme s'il voulait repousser de lui le fantôme d'Iscarioth [1]. » Nous saisissons ici sur le vif ce que Renan appelle le culte de l'idéal ; il ne s'agit que d'un idéal purement esthétique. Ce que l'historien vante dans ce christianisme, c'est ce qui n'y est pas moralement le plus admirable : « Prenons-y garde, les grands air d'abstention et de sacrifice ne sont souvent qu'un raffinement d'instincts qui se contentent par leur contraire. Le spiritualisme chrétien est, au fond, bien plus sensuel que ce qu'on appelle le matérialisme antique et ressemble plutôt à un affaissement... Mais tout cela est de la nature humaine, tout cela est venu à son temps, tout cela est sorti à son jour du germe éternel des bonnes choses [2]. »

Qu'est-ce que le sentiment religieux ? demanderons-nous une dernière fois. Et nous constatons

1. *Études d'histoire religieuse*, p. 408.
2. *Ibid.*, p. 414.

que, d'après Renan, il ne mérite pas une définition
spéciale. Il est le sentiment de l'idéal : il s'incarne
tout d'abord dans des formes grossières, les seules
que l'homme aux débuts de son évolution morale
pût créer, mais suffisantes pour lui procurer cette
émotion dont il ne peut jamais se passer. Peu à
peu, à mesure que la raison se fortifie et que
la lumière grandit, les fantômes divins dont les
jeunes imaginations s'enchantaient ou s'épou-
vantaient, pâlissent et s'effacent; devant les au-
daces de la réflexion ils s'évanouissent. L'art se
substitue, dans son inaltérable pureté, à ces folles
créations et devient l'universelle et définitive religion de l'humanité. Ainsi la religion, culte souvent misérable de l'idéal, prend de plus en plus
conscience de ce qu'elle est et vient s'absorber
dans l'art. Et nous sommes obligés de constater
que, dans la pensée de Renan, le sentiment religieux n'a pas une existence spécifique ; il est
d'ordre purement esthétique. Nous irons jusqu'à
dire que l'incomparable écrivain à qui l'on ne sera
jamais trop reconnaissant d'avoir donné chez nous
l'impulsion à l'histoire des religions, n'a jamais
analysé jusqu'au fond le phénomène dont il a fait
l'objet de ses constantes études. Car enfin l'identi-

9.

fication du sentiment religieux avec le frisson de nature esthétique que procure le mystère avait besoin d'être prouvée et elle ne l'a jamais été.

II

On essaiera peut-être de soutenir que Renan a été conduit à cette théorie par la pratique rigoureuse des méthodes historiques. Or la vérité paraît être que cette théorie l'a plus ou moins inconsciemment amené à des conclusions historiques que la critique est loin de justifier.

Les effusions mystiques étant pour lui l'essentiel de la religion, il a jugé qu'elles devaient avoir été le plus fréquentes à l'âge d'or de l'Église, à l'époque bénie des origines. A l'en croire, les rêves, les visions, les ravissements étaient l'aliment ordinaire de la vie débordante. Dans les moments de calme — ou de fatigue — cette sentimentalité devenait attendrissement, et, au souvenir du Maître, on pleurait avec délices. « Il faut descendre jusqu'en plein moyen âge, à cette piété toute trempée des pleurs des saint Bruno, des saint Bernard, des saint François d'Assise, pour retrouver les chastes mélancolies de ces premiers jours où l'on sema vraiment dans les larmes pour moissonner dans la joie. Pleurer devint un acte pieux ; ceux qui ne savaient ni prêcher, ni parler les langues, ni faire des miracles, pleuraient [1]. » L'histoire de l'Église, jusqu'au moment où elle pénètre en Grèce, apparaît à Renan comme un progrès perpétuel de la mysticité qui, débutant avec les femmes de Jérusalem par la tendresse et la suavité, devient, grâce aux femmes de Syrie, embrasement et volupté. Mais quel lecteur non prévenu a vu dans les récits des *Actes* rien de comparable aux effusions et aux spasmes dont on nous parle ?

Est-ce la seule étude des faits qui a fait voir à Renan un ascète dans la personne de ce Paul, dont la doctrine aboutit à condamner l'ascétisme dans son principe et dans ses préceptes ? Quand le grand apôtre insiste, dans ses lettres aux Corinthiens, sur le précepte d'abstinence, ce n'est pas au nom d'une conception ascétique de la vie, c'est parce qu'il attend alors l'apparition prochaine du Christ et la fin du monde. A mesure que la catastrophe finale recule devant lui — c'est-à-dire à

1. *Les Apôtres*, pp. 73-74.

mesure qu'il avance en âge — sa piété fait une
place de plus en plus grande à la vie de famille, à
la vie sociale et à leurs devoirs. Quand il recom-
mande de « dépouiller le vieil homme et de revêtir
le nouveau », ce précepte ne signifie nullement,
comme l'interprète Renan, de « prendre en tout le
contrepied de la nature » ; il indique la nécessité
pour chaque individu de devenir moralement et
religieusement autre, d'orienter d'une façon nouvelle son être intime ; et si notre personnalité
consiste essentiellement en une polarisation de
nos énergies, un changement de polarisation équi-
vaut à un changement de personnalité. Il y a là
une vue qui ne manque peut-être pas de profondeur.

Il est d'autre part plus qu'étrange que, développant les théories de Paul, son historien ait à
peine insisté sur la notion de la foi. Il réduit celle-
ci à n'être qu'une croyance de l'esprit et à n'avoir
d'autre utilité que de supprimer la loi : « Paul
n'imagina pas d'autre manière de supprimer le
péché que de supprimer la loi. Son raisonnement a
quelque chose de celui des probabilistes : multiplier les obligations, c'est multiplier les délits ;
délier les consciences, les rendre aussi larges que

possible, c'est prévenir les offenses, puisque nul ne viole un précepte par lequel il ne se croit pas obligé [1]. » Nous pourrions demander en quoi l'apôtre est un ascète, s'il se représente le chrétien « comme un enfant qui, ayant obéi par crainte à des préceptes rigoureux, apprend avec joie la levée des interdictions qui n'existent plus [2] ». N'insistons pas sur cette apparente contradiction. Elle était inévitable dans l'exposé de Renan. La justification par la foi ne peut être que la justification par la croyance ou la justification par suite de la pure et simple suppression de la loi, si Jésus n'a laissé dans le cœur de ses disciples qu'un « souvenir tendre », un prétexte à effusions persistantes et à larmes d'amour. Mais qui oserait dire, après avoir lu les épîtres de Paul, que le rôle de Jésus dans la pensée et la vie de l'apôtre se réduit à cela ? Lorsque Paul va jusqu'à s'écrier : « Christ est ma vie », il ne lance pas une métaphore ; il affirme l'existence et l'action en lui d'un principe de vie, dans lequel il n'hésite pas à reconnaître l'esprit même de son Maître. Que ce mys-

1. *Saint Paul*, p. 487.
2. Cette excellente interprétation de la pensée de Renan est de M. Millioud, *La Religion de M. Renan*, p. 70.

ticisme nous plaise ou nous déplaise, peu importe. Le méconnaître, c'est fausser et même détruire la doctrine de Paul. Ce n'est pas l'histoire qui a conduit Renan à ne voir dans la piété que des excès de sentimentalisme.

C'est en vertu de ce même *a priori* que Renan a pu se plaire à rapprocher arbitrairement les personnages les plus dissemblables, à les réunir dans son panthéon et à répéter qu'ils ont vécu de sentiments identiques. N'y a-t-il pas comme une gageure dans ce portrait de Marc-Aurèle : « Il arriva à la parfaite bonté, à l'absolue indulgence, à l'indifférence tempérée par la pitié et le dédain. Il avait raison. La plus solide bonté est celle qui se fonde sur le parfait ennui, sur la vue claire de ce fait que tout en ce monde est frivole et sans fond réel... La bonté du sceptique est la plus assurée, et le pieux empereur était plus que sceptique ; le mouvement de la vie dans cette âme était presque aussi doux que les petits bruits de l'atmosphère intime du cercueil. Il avait atteint le nirvana bouddhique, la paix du Christ. Comme Jésus, Çakia-Mouni, Socrate, François d'Assise et trois ou quatre autres sages, il avait totalement vaincu la mort. Il pouvait sourire d'elle ; car vraiment elle n'avait plus de sens pour lui [1]. » Ne parlons pas ici d'erreur grossière. Le reproche serait inintelligent. Il nous semble voir Renan écouter avec un sourire l'homme qui lui aurait expliqué scrupuleusement les incontestables différences qui séparent tous ces personnages ; il aurait remercié avec une ironie parfaitement polie... et n'aurait rien corrigé. Nous sommes en présence d'un procédé voulu.

III

Ce n'est donc pas de l'histoire que Renan a tiré sa philosophie de la religion. D'où lui vient-elle ? N'oublions pas ce qu'il n'a jamais cessé de déclarer : toute philosophie est le rêve d'un penseur et l'individualité de celui-ci s'y reflète. Dans aucune de ses théories Renan ne s'est mieux incarné que dans sa théorie de la religion.

Renan est Breton ; et, comme tel, il est convaincu qu'il doit la meilleure part de ce qu'il est à ses ancêtres : « Nous autres, Bretons, ceux surtout

1. *Marc-Aurèle*, p. 483.

d'entre nous qui tiennent de près à la terre et ne
sont éloignés de la vie cachée en la nature que
d'une ou deux générations, nous croyons que
l'homme doit plus à son sang qu'à lui-même, et
notre premier culte est pour nos pères [1]. » Il s'est
donc appliqué, par piété filiale, à décrire la tournure d'âme des hommes de sa race. Comme il se
plaît à songer qu'il est la conscience des Celtes
disparus et que par lui ils arrivent à la vie et à la
voix, pour les dépeindre il a regardé en lui-même.
Il y a quelque chose d'intime et de vécu dans ce
qu'il dit de « cette race timide, réservée, vivant
toute en dedans, pesante en apparence, mais sen-
tant profondément et portant dans ses instincts
religieux une adorable délicatesse [2] ». Elle est
« puissante par le sentiment et faible dans l'action ; chez elle, libre et épanouie ; à l'extérieur,
gauche et embarrassée [3] ». Elle a un extraordinaire
besoin de concentration et elle est peu expansive,
et par suite elle sent avec profondeur : « car plus
le sentiment est profond, moins il tend à s'exprimer ». « La réserve apparente des peuples cel-

1. *Essais de Morale et de Critique*, préface, p. xviii.
2. *Ibid.*, p. 376.
3. *Ibid.*, p. 381.

tiques, qu'on prend souvent pour de la froideur,
tient à cette timidité intérieure qui leur fait croire
qu'un sentiment perd la moitié de sa valeur quand
il est exprimé, et que le cœur ne doit avoir d'autre
spectateur que lui-même [1]. » De là ce qu'il y a
d'intense et de poignant dans ses mélodies natio-
nales : « On dirait des émanations d'en haut, qui,
tombant goutte à goutte sur l'âme, la traversent
comme des souvenirs d'un autre monde. Jamais
on n'a savouré aussi longuement ces voluptés solitaires de la conscience, ces réminiscences poétiques où se croisent à la fois toutes les sensations
de la vie, si vagues, si profondes, si pénétrantes,
que, pour peu qu'elles vinssent à se prolonger, on
en mourrait, sans qu'on pût dire si c'est d'amer-
tume ou de douceur [2]. » De là, enfin, l'obstination
de cette race à prendre ses songes pour des réalités
et à courir après ses splendides visions. « Elle
veut l'infini ; elle en a soif, elle le poursuit à tout
prix, au delà de la tombe, au delà de l'enfer. Le
défaut essentiel des peuples bretons, le penchant à
l'ivresse, tient à cet invincible besoin d'illusion [3]. »

1. *Essais de Morale et de Critique*, p. 384.
2. *Ibid.*, p. 384.
3. *Ibid.*, p. 386.

Voici maintenant un héritier de cette race qu'on pourrait qualifier de féminine[1]. Il peut écrire : « J'ai été élevé par des femmes et des prêtres ; l'explication de mes qualités et de mes défauts est toute là[2]. » Il a aimé, dans son enfance, les chapelles solitaires, isolées dans les landes, au milieu des rochers ou dans des terrains vagues tout à fait déserts. « Le vent courant sur des bruyères, gémissant dans les genêts, me causait de folles terreurs. Parfois je prenais la fuite éperdu, comme poursuivi par les génies du passé. D'autres fois, je regardais, par la porte à demi enfoncée de la chapelle, les vitraux ou les statuettes en bois peint qui ornaient l'autel. Cela me plongeait dans des rêves sans fin[3]. » Il s'est complu à écouter les sonneries pieuses de l'*Angelus* du soir, se répondant de paroisse en paroisse, et, après quarante ans de vie hors de l'Eglise, il en entend l'écho chéri dans sa mémoire. Au séminaire, il a vécu de sentiment tout comme au village natal : « Mon imagination, tout à fait chaste, restait dans une douce note de piété vague... Ce beau parc mys-

---

1. *Essais de Morale et de Critique*, p. 385.
2. *Feuilles détachées*, p. xxx.
3. *Souvenirs d'enfance et de jeunesse*, p. 82.

tiques, qu'on prend souvent pour de la froideur,
tient à cette timidité intérieure qui leur fait croire
qu'un sentiment perd la moitié de sa valeur quand
il est exprimé, et que le cœur ne doit avoir d'autre
spectateur que lui-même [1]. » De là ce qu'il y a
d'intense et de poignant dans ses mélodies natio-
nales : « On dirait des émanations d'en haut, qui,
tombant goutte à goutte sur l'âme, la traversent
comme des souvenirs d'un autre monde. Jamais
on n'a savouré aussi longuement ces voluptés solitaires de la conscience, ces réminiscences poétiques où se croisent à la fois toutes les sensations
de la vie, si vagues, si profondes, si pénétrantes,
que, pour peu qu'elles vinssent à se prolonger, on
en mourrait, sans qu'on pût dire si c'est d'amer-
tume ou de douceur [2]. » De là, enfin, l'obstination
de cette race à prendre ses songes pour des réalités
et à courir après ses splendides visions. « Elle
veut l'infini ; elle en a soif, elle le poursuit à tout
prix, au delà de la tombe, au delà de l'enfer. Le
défaut essentiel des peuples bretons, le penchant à
l'ivresse, tient à cet invincible besoin d'illusion [3]. »

1. *Essais de Morale et de Critique*, p. 384.
2. *Ibid.*, p. 384.
3. *Ibid.*, p. 386.

tions mystiques, c'est d'avoir cru qu'on peut les éprouver le verre en main. Il nous faut citer une page qui en dit long, tout autant par son incomparable mélodie que par les idées précises qu'elle exprime.

« La vraie religion est le fruit du silence et du recueillement. Elle est synonyme de distinction, d'élévation, de raffinement ; elle naît avec la délicatesse morale, au moment où l'homme vertueux, rentrant en lui-même, écoute les voix qui s'y croisent. En ce silence, tous les sens étant apaisés, tous les bruits du dehors étant éteints, un murmure pénétrant et doux sort de l'âme, et rappelle, comme le son d'une cloche lointaine de village, le mystère de l'infini. Semblable alors à un enfant égaré qui cherche vainement à démêler le secret de sa naissance inconnue, l'homme qui médite se sent dépaysé. Mille signes de la patrie provoquent chez lui de mélancoliques retours. Il s'élève au-dessus des terres fangeuses de la réalité vers des champs pénétrés de soleil ; il sent ces parfums des jours antiques que les mers du Sud conservaient encore quand les vaisseaux d'Alexandre les parcoururent pour la première fois. La mort, en habit de pèlerin revenant de la Terre-Sainte, frappe à la

tique d'Issy a été, après la cathédrale de Tréguier, le second berceau de ma pensée [1]. » Nous ne nous étonnerons pas, après toutes ces confidences, de rencontrer cette significative apothéose d'une sensualité raffinée : « Supposons une humanité dix fois plus forte que la nôtre ; cette humanité serait infiniment plus religieuse. Il est même probable qu'à ce degré de sublimité, dégagé de tout souci matériel et de tout égoïsme, doué d'un tact parfait et d'un goût divinement délicat, voyant la bassesse et le néant de tout ce qui n'est pas le vrai, le bien ou le beau, l'homme serait uniquement religieux, plongé dans une perpétuelle adoration, roulant d'extases en extases, naissant, vivant et mourant dans un torrent de volupté [2]. »

La morale n'a rien à faire avec la religion ainsi comprise. Je n'en veux d'autre preuve que l'article sur la théologie de Béranger. Ce que Renan reproche au chansonnier, ce n'est point, à proprement parler, d'avoir concilié un peu d'immoralité avec les louanges du Dieu des bonnes gens, c'est d'avoir manqué de tact et de goût, c'est de n'avoir rien compris à ce qu'il y a d'intime dans les émo-

1. *Souvenirs d'enfance et de jeunesse*, p. 227.
2. *Les Apôtres*, p. 385.

tions mystiques, c'est d'avoir cru qu'on peut les éprouver le verre en main. Il nous faut citer une page qui en dit long, tout autant par son incomparable mélodie que par les idées précises qu'elle exprime.

« La vraie religion est le fruit du silence et du recueillement. Elle est synonyme de distinction, d'élévation, de raffinement ; elle naît avec la délicatesse morale, au moment où l'homme vertueux, rentrant en lui-même, écoute les voix qui s'y croisent. En ce silence, tous les sens étant apaisés, tous les bruits du dehors étant éteints, un murmure pénétrant et doux sort de l'âme, et rappelle, comme le son d'une cloche lointaine de village, le mystère de l'infini. Semblable alors à un enfant égaré qui cherche vainement à démêler le secret de sa naissance inconnue, l'homme qui médite se sent dépaysé. Mille signes de la patrie provoquent chez lui de mélancoliques retours. Il s'élève au-dessus des terres fangeuses de la réalité vers des champs pénétrés de soleil ; il sent ces parfums des jours antiques que les mers du Sud conservaient encore quand les vaisseaux d'Alexandre les parcoururent pour la première fois. La mort, en habit de pèlerin revenant de la Terre-Sainte, frappe à la porte de l'âme, qui commence à sentir, ce qu'elle ne voyait pas dans le trouble de la vie, qu'il lui sera doux de mourir. Elle est assurée alors que ses œuvres la suivront ; la vérité lui apparaît comme la récompense de ses bonnes actions ; elle voit l'insuffisance de toutes les formes passagères pour exprimer l'idéal ; les mots d' « être » et de « néant » perdent leur sens contradictoire ; elle s'envisage avec la Divinité dans les rapports d'un fils avec son père, et elle prie à peu près en ces termes : « Notre Père, qui êtes aux cieux.... [1] »

Cette page est de la meilleure époque de Renan. Quand il a si harmonieusement décrit le bercement des mélodies intérieures, il n'avait pas encore contracté l'habitude (un jour ce sera même un tic) de mêler aux paroles de tendresse un sentiment d'ironie. Il avait encore trop peur de choquer la délicatesse de sa sœur et il n'osait s'abandonner au désir, déjà obsédant, de se moquer un peu de lui-même et des autres. La conséquence est qu'il ne mettra jamais plus de poésie dans ses analyses de la religion ; il ne trouvera jamais des tons plus pénétrants pour évoquer les

---

1. *Questions contemporaines*, pp. 469-470.

atteignent une religion tout aussi suave, tout aussi riche en délices que les cultes les plus vénérables. J'ai goûté dans mon enfance et dans ma première jeunesse les plus pures joies du croyant, et, je le dis du fond de mon âme, ces joies n'étaient rien comparées à celles que j'ai senties dans la pure contemplation du beau et la recherche passionnée du vrai [1]. »

Cette philosophie de la religion est donc la traduction d'une personnalité. Loin d'être tirée de l'histoire, elle a au contraire déterminé la plupart des appréciations historiques de Renan. Là est l'explication de ce qui a si fort scandalisé dans plusieurs de ses ouvrages et nulle part comme dans la *Vie de Jésus*. Parmi les thèses qui lui sont chères, il en est une que Renan affectionne particulièrement : c'est que la piété la plus exquise n'exclut jamais les sophismes de la conscience. Que le développement du sens moral ne marche pas toujours avec le développement du sentiment religieux, nous le savons de reste, hélas ! Mais l'idée qu'on nous présente est autre. Ces deux développements ne sont jamais, absolument ja-

1. *L'Avenir de la Science*, p. 318.

mais, parallèles, et l'incarnation la plus authentique de la piété l'a bien montré. On sait à quelle
page, répugnante dans sa mièvrerie et son in-
solente indulgence, nous faisons allusion. Renan,
convaincu que Jésus jouait le Messie, n'a pas hésité
à le faire jouer aussi le thaumaturge au moment
où l'incrédulité de Jérusalem ne pouvait plus être
vaincue que par un coup d'éclat ; et, pour qu'un
acte de charlatanisme ne fût pas comme une note
dissonante dans une vie de sainteté, l'historien
s'est comme complu à rapetisser son héros : « Il
aimait les honneurs[1] », nous dit-on. Il était quel-
quefois « rude et bizarre ». L'obstacle « l'irritait ».
« Parfois on eût dit que sa raison se troublait. »
Sa mauvaise humeur contre toute résistance l'en-
traînait jusqu'à des actes inexplicables et en apparence absurdes[2]. » Le grand mot de Jésus : « J'abat-
trai ce temple et je le rebâtirai », n'a jamais paru
obscur à personne et les Juifs l'ont si bien compris
qu'ils ont condamné Jésus pour l'avoir prononcé.
Renan, lui, plutôt que d'en voir le sens profond et
grand, y devine une intention séditieuse ou pire
encore : « On ne sait pas bien quel sens Jésus

1. *Vie de Jésus*, p. 386.
2. *Ibid.*, p. 332.

R. ALLIER.   10

attachait à ce mot imprudent. » Il est clair que, si le terme n'eût été grossier, il aurait volontiers appelé menteur celui qui a dit : « A celui qui blasphèmera contre le Saint-Esprit, il ne sera point pardonné. »

Les historiens que la passion irréligieuse n'aveugle pas ont depuis longtemps réduit à leur valeur les fantastiques insinuations de Renan. Peut-être la psychologie a-t-elle ici son mot à dire. Il était difficile à Renan de tenir un autre langage. La piété consistant, d'après lui, dans la volupté des effusions mystiques, elle doit être d'autant plus parfaite qu'elle est plus intime et plus secrète. Elle est pour le sanctuaire, pour la cellule, pour la solitude du désert ou de la chambre de travail ; elle s'altère et se flétrit au grand air des places publiques. Quoi ? Même si elle ne sort de sa retraite que pour affirmer les exigences impérieuses de la conscience ? Oui, même alors, surtout alors, répondrait Renan ; et il ne peut répondre autrement, car il comprend mal l'impératif de la conscience : quand il ne ramène pas le devoir à un besoin esthétique du cœur, il en fait l'acceptation d'une consigne divine, d'un ordre extérieur, d'un commandement étranger à notre raison pra-

tique. Or les morales qui posent comme but à
atteindre une fin autre que la moralité même de
l'agent, sont facilement indifférentes sur le choix
des moyens. Les jésuites l'ont bien démontré et
leur démonstration est irréfutable. Renan ne sait
comment on pourrait les rétorquer : « Celui qui
prend l'humanité avec ses illusions et cherche à
agir sur elle et avec elle, ne saurait être blâmé.
César savait fort bien qu'il n'était pas fils de
Vénus ; la France ne serait pas ce qu'elle est si
l'on n'avait cru mille ans à la sainte ampoule de
Reims. Il nous est facile à nous autres, impuissants
que nous sommes, d'appeler cela mensonge, et,
fiers de notre timide honnêteté, de traiter avec
dédain les héros qui ont accepté dans d'autres conditions la lutte de la vie. Quand nous aurons fait
avec nos scrupules ce qu'ils firent avec leurs
mensonges, nous aurons le droit d'être pour eux
sévères [1]. »

L'éducation, d'ailleurs, n'a fait que pousser
Renan dans une voie où sa nature personnelle
aurait suffi à l'engager. En fidèle Breton qu'il est,
il aime à s'enfuir vers « l'Éden splendide des joies

1. *Vie de Jésus*, p. 264.

de l'âme », celui-là même que les Patrice et les Brandan virent en songe. Il est avide de vivre dans l'idéal et pour cela de perdre de vue l'odieux réel ; il chérit trop les chimères pour consentir à les faire descendre du ciel sur la terre. Comme il n'est pas fait pour l'action, il ne l'aperçoit qu'à travers le voile de ses répugnances, et il soupçonne qu'elle n'est jamais qu'une dégradation du rêve : « Au fond, dit-il, l'idéal est toujours une utopie. Toute idée perd quelque chose de sa pureté dès qu'elle aspire à se réaliser[1]. » Renan ne pouvait pas comprendre Jésus, il était condamné à le traiter comme un idéaliste qui n'a pas eu assez de contempler en lui le bien, le beau, le divin, et qui a commis l'erreur de rêver la lutte contre le mal et la conquête des âmes, comme un idéaliste qui a détérioré et flétri, au contact des hommes et des choses, la fleur exquise de sa tendresse. Et ce qu'il a dit du Christ, il l'a répété de tous ceux qui ont prétendu convertir l'humanité : « L'homme d'action, tout noble qu'il est quand il agit pour un but noble, est moins près de Dieu que celui qui a vécu de l'amour pur du vrai, du bien et du beau.

---

1. *Vie de Jésus*, p. 258.

L'apôtre est par nature un esprit quelque peu
borné ; il veut réussir, il fait des sacrifices. Le
contact de la réalité souille toujours un peu. Les
premières places dans le royaume du ciel sont
réservées à ceux qu'un rayon de grâce a touchés,
à ceux qui n'ont adoré que l'idéal. L'homme d'action est toujours un faible artiste ; car il n'a pas
pour but unique de refléter la splendeur de l'univers ; il ne saurait être un savant, car il règle ses
opinions d'après l'utilité politique ; ce n'est même
pas un homme très vertueux, car jamais il n'est
irréprochable, la sottise et la méchanceté des
hommes le forçant à pactiser avec elles [1]. » Voilà
une déclaration qui en dit plus long sur la tournure d'âme de Renan que sur celle de saint Paul.

Renan ne nous a donc pas donné cette philosophie de la religion que nous étions en droit d'attendre et qui ne pourra être construite que par
un philosophe doublé d'un historien. Elle repo-
sera, en effet, sur des analyses précises et dé-
taillées d'âmes religieuses. Son auteur saura démêler avec une ingénieuse profondeur et sans
parti pris les idées et les sentiments dont ont vécu

1. *Saint Paul*, p. 568.

un saint Paul, une sainte Thérèse, une Mathilde de
Magdebourg, un Vincent de Paule, un Luther, un
Calvin, un Pascal, un Fénelon, un Zinzendorf, un
Wesley, un Ozanam, un Livingstone. Ses conclusions seront le dernier mot d'une série de mono-
graphies qu'il aura faites tout au moins pour
lui-même. Mais il laissera la tâche tout entière à
recommencer après lui, s'il se contente d'habiller
tous ces personnages à son goût personnel, s'il se
complaît, malgré tous ses dons, peut-être à cause
d'eux, à chercher dans l'histoire les traits multiples de sa propre physionomie. Ce fut le tort de
Renan. Ce qu'il a laissé a pourtant son prix. C'est
un inestimable document pour le critique et le
psychologue ; fort mal avisé serait l'homme qui
voudrait comprendre ce qu'est la sentimentalité
religieuse et esthétique se développant hors de
l'influence de la conscience morale, et qui néglige-
rait d'étudier de près cette âme infiniment riche.

Il nous faut enfin conclure cette étude à la fois
trop longue et trop courte. « Je ne sais, a dit Renan de Victor Cousin, s'il tiendra une grande place
dans une histoire critique de la philosophie conçue
sur le plan de Brucker et de Tennemann ; mais,

certainement, il remplira un des plus curieux chapitres de l'esprit français. » Ce jugement est excel-
lent et nous pouvons l'appliquer à celui-là même
qui l'a formulé.

Non, Renan n'a pas laissé après lui un de ces
systèmes que le progrès de la pensée consiste à
développer, à réfuter ou à corriger. D'ailleurs, il
n'y a point prétendu. Quand on réduit les doctrines à n'être que des épopées sur l'univers, on a
des chances de ne point s'attacher à en construire
une ; on aime mieux pousser des pointes dans tous
les sens de la réalité, vagabonder à travers les
choses et cueillir de tous côtés des fleurs de rêve.
Quand on sait que les métaphysiciens sont des
poètes, on veut bien se permettre de les imiter,
mais on prend ses fantaisies pour ce qu'elles sont
et l'on se soucie peu de les ramener à l'unité.
« Autrefois chacun avait un système, écrit Renan ;
il en vivait, il en mourait ; maintenant nous tra-
versons successivement tous les systèmes, ou, ce
qui est bien mieux encore, nous les comprenons
tous à la fois [1]. » C'est possible, mais alors on ne
laisse rien dans l'histoire de la philosophie.

1. *Dialogues philosophiques*, p. IX.

Renan y laissera quelque chose : la trace de sa personnalité. Cet homme a possédé la plus extraordinaire puissance de suggestion. De ses odyssées capricieuses sur les mers enchantées où, comme son aïeul Brandan, il chercha la terre de promission, il a rapporté le secret magique qui dompte les hommes ; nul comme lui ne sut prononcer en ce siècle les paroles qui ravissent, enveloppent et enchaînent. Il a provoqué des états d'âme plus qu'il n'a répandu d'idées précises. Il est venu parmi nous, et, dès qu'il a parlé, de son ton lent et un peu voilé, avec son sourire aimablement ironique, les hommes ont été pris ; ils ont senti des voix — non toujours les plus sérieuses et les plus pures — s'élever en eux et répondre à celle du magicien. Ils ont été sous le charme de cette vie laborieuse et tout entière consacrée à la contemplation du vrai et du beau, sous le charme de cette sentimentalité vague et pénétrante comme une symphonie venant d'un monde lointain, sous le charme de cette pensée qui s'est infiniment amusée au milieu des difficultés et des contradictions ; et, à la suite de l'enchanteur, ils se seraient volontiers laissé mener vers les abîmes les plus détestés. Ceux-là même

qu'il ne s'est pas assujettis ne sauraient se vanter
d'avoir échappé à toute atteinte, et du contact le
plus rapide ils ont gardé souvent une blessure
qui s'est malaisément fermée. Il n'y aura peut-
être pas, dans l'histoire de la philosophie contemporaine, un chapitre consacré à la doctrine de
Renan ; mais il n'y aura pas dans cette histoire
une seule doctrine qui ne doive rien, soit par ré-
action, soit par influence, au renanisme. Et si,
vers la fin du XIXᵉ siècle, la pensée française se
dégage de cette sorte d'envoûtement, on le devra
moins sans doute à un progrès des idées proprement dites qu'à un renouvellement de la conscience.

FIN.

TABLE

LIBRAIRIE FÉLIX ALCAN
108, BOULEVARD SAINT-GERMAIN, PARIS

REVUE PHILOSOPHIQUE

DE LA FRANCE ET DE L'ÉTRANGER

Dirigée par Th. RIBOT

Professeur au Collège de France

VINGTIÈME ANNÉE, 1895

La REVUE PHILOSOPHIQUE paraît tous les mois, par livraisons de 7 à 8 feuilles grand in-8°, et forme ainsi à la fin de chaque année deux forts volumes d'environ 680 pages chacun.

CHAQUE NUMÉRO DE LA *REVUE PHILOSOPHIQUE*
CONTIENT :

1° Plusieurs articles de fond ; 2° des analyses et comptes rendus des nouveaux ouvrages philosophiques français et étrangers ; 3° un compte rendu, aussi complet que possible, des *publications périodiques* de l'étranger pour tout ce qui concerne la philosophie ; 4° des notes, documents, observations, pouvant servir de matériaux ou donner lieu à des vues nouvelles.

La REVUE PHILOSOPHIQUE n'est l'organe d'aucune secte, d'aucune école en particulier. Tous les articles sont signés et chaque auteur est seul responsable de son opinion. Sans professer un culte aveugle et exclusif pour l'expérience, la direction, bien persuadée que rien de solide ne s'est fondé sans cet appui, lui fait la plus large part et n'accepte aucun travail qui la dédaigne.

Elle ne néglige aucune partie de la philosophie, tout en s'attachant cependant à celles qui, par leur caractère de précision relative, offrent moins de prise aux désaccords et sont plus propres à rallier toutes les écoles. La *psychologie*, avec ses auxiliaires indispensables, l'*anatomie* et la *physiologie du système nerveux*, la *pathologie mentale*, la *psychologie des races inférieures et des animaux*, l'*anthropologie*; la *logique déductive et inductive*; les *théories générales fondées sur les découvertes scientifiques*, tels sont les principaux sujets dont elle entretient le public.

En un mot, par la variété de ses articles et par l'abondance de ses renseignements, elle donne un tableau complet du mouvement philosophique et scientifique en Europe.

Aussi a-t-elle sa place marquée dans les bibliothèques des professeurs et de ceux qui se destinent à l'enseignement de la philosophie et des sciences ou qui s'intéressent au développement du mouvement scientifique.

PRIX D'ABONNEMENT :

Un an, pour Paris, **30** francs. — Pour les départements
    et l'étranger...................... **33** francs.
    La livraison........................ **3** francs.
Les années écoulées se vendent séparément 30 francs
    et par livraisons de 3 francs.

Table des matières contenues dans les douze premières
années (1876-1887), 3 francs.

VERSAILLES, IMPRIMERIE, CERF ET Cⁱᵉ, 59, RUE DUPLESSIS.